AF214973

Dieses Buch gehört:

....

....

....

mein Garten

RAPHAELA WINTERHALTER

mein Garten

Gärtnerwissen, Pflanzpläne für
Hochbeete und Co., Sortenempfehlungen
und praktische Listen

EIN BUCH DER
EDITION MICHAEL FISCHER

Index

Vorwort

Einen Garten zu hegen und zu pflegen ist nicht gerade einfach. Wenn dann auch noch Gemüse hinzukommt und man Wert darauf legt, alles so natürlich wie möglich zu gestalten, damit sich auch Bienen und andere Insekten wohlfühlen, wird das Ganze noch viel komplizierter. So ging es zumindest mir. Als ich angefangen habe zu Gärtnern, wusste ich nicht wirklich, zu welcher Zeit bestimmte Aufgaben anstehen – wie zum Beispiel Stecklinge zu ziehen oder das Gemüse einzusäen – oder welche Sorten sich vertragen und welche nicht. Wenn ich es dann mal geschafft hatte, mir das Wissen anzueignen, habe ich es spätestens nach einer Woche wieder vergessen. Aus diesem Grund fing ich damals an, mir Notizen und Listen zu meinem Garten und den damit verbundenen Projekten zu erstellen. Da es mir so viel Spaß gemacht hat, begann ich außerdem damit, das Gemüse zu zeichnen und die Listen und Notizen schön zu verzieren.

Diese Art zu planen empfinde ich als unheimlich praktisch und hilfreich und möchte sie deshalb mit euch teilen. Du kannst mit dieser Art Bullet Journal unabhängig von der Jahreszeit anfangen, dein Wissen und deine Skizzen rund um deinen Garten zu sammeln. Ich gebe dir Grundwissen, To-dos und Listen an die Hand, du findest aber auch genug Platz für deine eigenen Ideen. Auf den freien Seiten im hinteren Teil des Buchs kannst du deinen Garten, die Beete und Gemüsesorten planen und deine Gemüsepflanzungen dokumentieren. Auch das Notieren von Aussaat- und Pflanzzeiten hilft dir, eine Übersicht zu erlangen. Auf diese Weise kannst du auch noch in den kommenden Jahren nachvollziehen, wo und wann du welches Gemüse angepflanzt hast. „Mein Garten" ist somit die Basis für dein eigenes, individuelles Gartenjournal.

Viel Spaß damit!

Ela

Symbole

ÜBERSICHT

 Fruchtfolge

 Pflanzenfamilie

 Samentyp

 Ernte

 Abstand der Pflanzen

 Gute Nachbarn

 Schlechte Nachbarn

 To-do

 Fakten

 Überwinterung

 Standort

 Kultur

 Pflege

 Insektenfreundlichkeit

 Blütezeit

 Notizvorschlag

 Vorsicht!

Grundlagen

ZUM GÄRTNERN

Hier bekommst du die Basics vermittelt, um mit dem Gärtnern
anzufangen: Wie plant man ein Beet, wie wird das Hochbeet gefüllt
und was hat es mit der Fruchtfolge auf sich? All diese Fragen sollen
in diesem Kapitel beantwortet werden, sodass du voll im Bilde bist,
sobald du mit dem Gärtnern loslegst.

Meine Gartenprojekte

PROJEKT:

_____

AUFGABEN:
- ○ _____
- ○ _____
- ○ _____
- ○ _____
- ○ _____
- ○ _____

BIS:
- ○ _____

PROJEKT:

_____

AUFGABEN:
- ○ _____
- ○ _____
- ○ _____
- ○ _____
- ○ _____
- ○ _____

BIS:
- ○ _____

PROJEKT:

_____

AUFGABEN:
- ○ _____   ○ _____
- ○ _____   ○ _____
- ○ _____   ○ _____

BIS:
- ○ _____

Gemüse selber anbauen

Mit dem Anbauen von Gemüse und Kräutern für den Eigenbedarf geht man unter die Selbstversorger. Aber dies ist leichter gesagt als getan. Zuvor sollte nämlich erst mal geplant werden, wie viele Quadratmeter bewirtschaftet werden können, welche Gemüsesorten dort Platz finden und wo welche Pflanze angepflanzt wird.

Jeder Mensch hat unterschiedliche Bedürfnisse und Vorlieben, sodass die Anbaufläche, die zu einer ganzjährigen Selbstversorgung vonnöten ist, schwer verallgemeinert werden kann. Am besten richtest du deinen Garten nach deiner persönlichen Ernährungsweise hin aus. Ernährst du dich vegan oder vegetarisch, sind 100–150 m² An-

baufläche pro Person realistisch. Bei einer gemischten Ernährungsweise wird hingegen eine Fläche von 50 m² ausreichend sein. Überlege dir auch, welche Gemüsesorten du besonders gerne isst und welche Mengen du davon in der Regel verzehrst. Bei Kartoffeln ist zu berücksichtigen, dass diese eine große Fläche benötigen und bei deren Anbau somit 50 m² obendrauf gerechnet werden müssen.

 Notiere dir am besten deine Erntemengen, damit du erkennen kannst, wie viele Pflanzen du für deinen individuellen Verbrauch benötigst. Nutze dafür die Notizseiten am Ende des Buchs.

Beete anlegen

Je nach Gartenfläche kannst du unterschiedliche Beetformen anlegen. Achte aber auf einen sonnigen Standort, der den Pflanzen mindestens 4 bis 5 Stunden Sonne bietet. Als bewährte Beetkonzepte gelten Reihenbeete, Quadratbeete, Mandalabeete und Hochbeete.

Umsäume deine Beete mit Trittsteinen, Wegen oder freien Flächen, um dein Gemüse jederzeit erreichen zu können. Denke auch an Beeteinfassungen, z. B. aus Holz, Steinen, Weide oder Metall, damit eine Abgrenzung zu Rasenflächen oder Beikräutern gewährleistet ist.

 Nutze die Notizseiten hinten im Buch, um deinen Garten zu planen und aufzuzeichnen.

Tipp

Plane am besten auch gleich in deinem Garten eine Fläche für Kompost, einen Wasseranschluss, und evtl. einen Standort für ein Gewächshaus.

Exkurs

HOCHBEET

Hochbeete in allen Materialien und Formen sind auf
dem Vormarsch. Nicht nur bei der älteren Generation, die
sich nicht mehr gerne bücken möchte, sondern auch bei
den jungen Gärtnern wird diese spezielle Form des Beetes
mittlerweile bevorzugt. Doch was sind die Vorteile, die
durch Hochbeete entstehen, und wie befüllt man
sie richtig? Die Beantwortung dieser Fragen, weitere
Tipps und einen Bepflanzungsplan erwarten
dich auf den nächsten Seiten.

Vorteile eines Hochbeetes

KEIN BÜCKEN MEHR

Nach einem langen Tag im Garten zieht es schon mal im Rücken, egal wie alt und vital man ist. Auch das Knien im Beet oder auf den Kieswegen ist nicht das Beste für den Körper. Doch ein Hochbeet schafft hier Abhilfe. Auf Hüfthöhe zu arbeiten ist sehr angenehm.

WENIGER NACKTSCHNECKEN

Wer kennt es nicht: An einem Tag ein pracht-volles Beet, über Nacht halb aufgefressen. Viele Mittel wie Kupferdraht, Schneckenanstriche oder gar das giftige, meist nicht zu empfehlende Blaukorn helfen nur bedingt. In Hochbeeten kommen die Schnecken schon grundsätzlich schwerer an ihre Beute und somit bleiben die Ausfälle überschaubar.

KEIN GUTER BODEN BENÖTIGT

Da ein Hochbeet mit verschiedenen Schichten befüllt wird und sich somit ein eigenes Mikro-klima entwickelt, ist es nicht notwendig den Bo-den vorher besonders zu bearbeiten. Man kann Hochbeete sogar auf versiegelte Flächen stellen, die ansonsten keine Möglichkeit zum Gärtnern bieten. Auch ein Boden mit Betonresten, Steinen und Lehm kann somit durch aufgestellte Hoch-beete eine Anbaufläche bieten.

Vorbereitungen

STANDORT

Es ist zu empfehlen, das Hochbeet mit der langen Seite in einer Nord-Süd-Ausrichtung aufzustellen. Dadurch bekommen alle Pflanzen gleichmäßig Licht und nehmen es sich nicht gegenseitig weg. Ist diese Ausrichtung nicht möglich, musst du einfach bei der Wahl deiner Pflanzen etwas aufpassen, damit sie so gesetzt werden, dass überall genug Licht ankommt.

Bereite den Boden vor, auf dem du das Hochbeet aufstellen willst, indem du ihn begradigst. Zum Schutz vor Wühlmäusen und Maulwürfen solltest du ein engmaschiges Drahtgeflecht auf dem Boden auslegen, damit diese das Beet nicht komplett untergraben. Zudem solltest du das Beet mit Folie auskleiden, damit die Wände vor Nässe geschützt sind.

DAS HOCHBEET RICHTIG BEFÜLLEN

Damit uns das Beet eine reiche Ernte beschert, sollten die richtige Nährstoffversorgung und ein gutes Bodenklima gewährleistet sein. Dazu wird es mit verschiedenen Schichten befüllt, die jede für sich eine wichtige Aufgabe erfüllen. Als Faustregel gilt: Von unten nach oben werden die Schichten immer feiner.

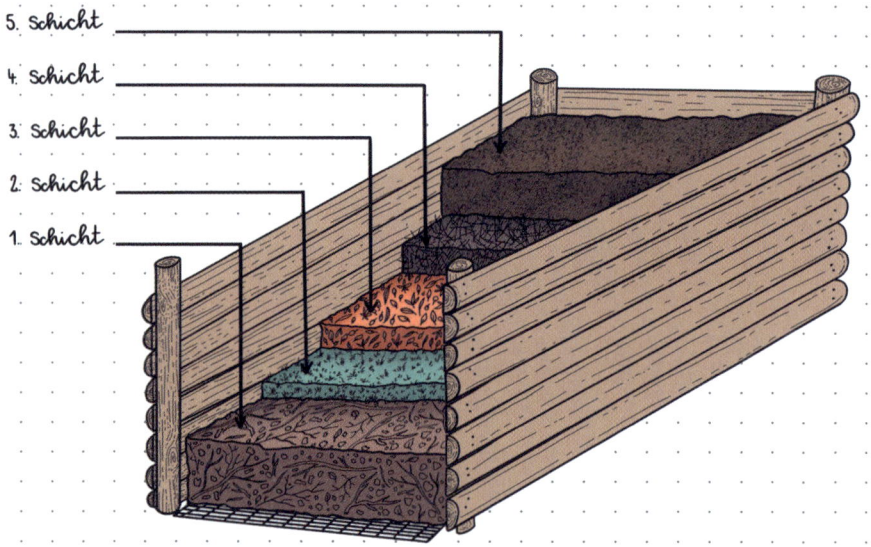

5. Schicht
4. Schicht
3. Schicht
2. Schicht
1. Schicht

DIE ERSTE, UNTERSTE SCHICHT

Ganz unten kommen die gröbsten Gartenabfälle wie Äste, Zweige und grobe Holzhäcksel ins Hochbeet. Diese ungefähr 30 cm dicke Schicht dient als Drainage, denn Staunässe wird von den Pflanzen nur selten toleriert.

DIE ZWEITE SCHICHT

Zur Abtrennung der Drainageschicht vom feineren Füllmaterial kommt nun eine dünne, ungefähr 5 cm dicke Trennschicht aus Rasenschnitt oder Grassoden ins Hochbeet.

DIE DRITTE SCHICHT

Damit sich Wärme bildet, in denen sich Mikroorganismen wohlfühlen, fülle dein Hochbeet mit feuchtem Laub, Grünabfällen oder Stroh. Das Material sollte nicht zu nass sein, denn sonst besteht die Gefahr von Schimmel.

DIE VIERTE SCHICHT

Nun kommt Kompost ins Beet. Entweder vom eigenen Komposthaufen oder auch gekauft, in Bioqualität. Hier eignet sich auch Mist von Pferden oder Hühnern sehr gut, wobei dieser nicht frisch sein sollte. Der Kompost ist sonst „zu scharf" und schadet den eingesetzten Pflanzen mehr als er ihnen bringt. Gut abgestanden und mit wenig Stroh vermengt gibt es jedoch kaum etwas besseres für unser Gemüse.

DIE FÜNFTE, OBERSTE SCHICHT

Danach kommt ein Feinkompost-Muttererde-Gemisch zum Einsatz. In diese letzte Schicht werden auch die Pflanzen gesetzt. Hier eignet sich der eigene Kompost, gut gesiebt und mit Humus gemischt, gekauftes funktioniert natürlich auch. Du kannst auch die fertige „Gemüseerde", die auf den Nährstoffbedarf unserer Gemüsepflanzen zugeschnitten ist, einkaufen. Diese solltest du auch jeweils zum Saisonstart wieder nachfüllen, da das Beet durch das Verrotten des Materials mit der Zeit immer mehr herabsinkt.

Tipp

Ungefähr alle 5 Jahre sollte das Hochbeet neu befüllt werden, da die Schichten bis dahin meist komplett verrottet und ineinandergefallen sind. Der entstandene Humus kann als oberste Schicht wiederverwendet werden.

Ein Hochbeet bepflanzen

Durch die natürliche Wärmeentwicklung im Hochbeet ist es möglich, es schon sehr früh im Jahr zu bepflanzen, da der späte Bodenfrost darin meist nicht so stark ist wie in der Erde bei Flachbeeten.

Im Hochbeet bietet sich die Mischkultur als Pflanzkonzept an. Hierbei wird das Gemüse nach dem Prinzip der guten und schlechten Nachbarn angebaut, auf die Fruchtfolge und die Art von Gemüse (Stark-, Mittel- oder Schwachzehrer) wird nicht geachtet. Damit das Gemüse dennoch gut wächst, wird bei dieser Art des Anbaus punktuell gedüngt und die Pflanzen werden einzeln mit den benötigten Nährstoffen versorgt. Das ist langfristig deswegen gut, weil die Erde unterschiedlich stark beansprucht wird und man somit lange Zeit viel Freude an seinem Hochbeet und dem gedeihenden Gemüse hat.

Am Rand des Hochbeets bietet es sich an, Rankgemüse oder beispielsweise Kapuzinerkresse zu setzen. Diese kann seitlich über das Hochbeet wachsen, spart somit Platz und sieht auch noch fantastisch aus. Auch Gemüsearten, die nachwachsen und somit klein gehalten werden, bieten sich an, wie Pflücksalat oder Mangold. Im Umkehrschluss eignet sich daher großes Gemüse wie Artischocken, Rosenkohl etc. nur bedingt, wenn man nur ein paar wenige Hochbeete zur Verfügung hat.

In der Mitte des Hochbeetes werden durch das kontinuierliche Verrotten des Materials viele Nährstoffe freigesetzt und es wird Wärme produziert. Deshalb eignet sich dieser Standort vor allem für wärmeliebende Arten wie zum Beispiel Freilandtomaten und Paprika.

Als Lückenfüller und natürliche Helfer gegen Schädlinge und Krankheiten sind Gewürztagetes und Kräuter zu empfehlen. Zusätzlich locken diese Bienen, Wildbienen und Hummeln an.

Natürlich kann man auch beim Hochbeet eine klassische Reihenpflanzung wählen. Diese ist vor allem für Gartenanfänger zu empfehlen, da es hier einfacher ist, die guten Nachbarn zu wählen und einen hohen Ertrag zu erwirtschaften. Eine solche Reihenpflanzung könnte beispielsweise so aussehen:

 Du findest auf den Seiten 162 bis 167 noch mehr Beetpläne zur Inspiration und Erstellung deiner eigenen Beete.

Du kannst den Spinat, die Radieschen und die Karotten immer wieder nachpflanzen. Bei den Erbsen und dem Salat kann man meist mehrmals ernten, bevor etwas Neues gepflanzt werden sollte.

Mischkultur und Fruchtfolge

Nachdem du festgelegt hast, welche Beetarten du bewirtschaften willst und welche Gemüsesorten gepflanzt werden sollen, ist nun noch zu planen, wo und in welcher Kombination du die Gemüsesorten anlegst. Dazu ist es wichtig, über Mischkulturen und die Fruchtfolge Bescheid zu wissen. Setzt du sie richtig ein, kannst du die Beetfläche optimal nutzen und gleichzeitig deinen Gemüsepflanzen über mehrere Jahre hinweg einen vitalen und fruchtbaren Boden bieten. Dazu ist es nützlich, die Gemüsesorten in ihre unterschiedlichen Pflanzenfamilien einzuordnen.

 Die Zugehörigkeit der Gemüsesorten zu einer der Pflanzenfamilien findest du in den Steckbriefen ab Seite 28.

Die Mischkultur ist ein Anbausystem auf dem Gemüsebeet, bei welchem Monokulturen vermieden und stattdessen verschiedene Gemüsearten in enger Nachbarschaft bzw. im gleichen Beet kultiviert werden. Dadurch können sie von den Nährstoffen der umliegenden Pflanzen profitieren. Darüber hinaus halten bestimmte Pflanzen Schädlinge fern, sodass durch dieses System auch der Erfolg der Ernte gesteigert werden kann. Spätestens nach deinem ersten Jahr im Garten ist es aber wichtig, auf die Fruchtfolge zu achten, denn der Inhalt des Beetes sollte sich vom Vorjahr unterscheiden.

DIE FRUCHTFOLGE

Die Fruchtfolge ist aufgrund des unterschiedlichen Nährstoffbedarfs der verschiedenen Pflanzen ein wichtiges System, welches eine jährliche Rotation der Gemüsearten herbeiführt. Während die Mischkultur für kleinere Gärten und insbesondere Quadratbeete umsetzbar ist, kann die Fruchtfolge, auch Fruchtwechsel genannt, vor allem bei Reihenbeeten und Mandalabeeten einfach angewendet werden, indem die Gemüsesorten nach einem Jahr um einen Beetabschnitt weiter verschoben werden.

Die Gemüsepflanzen werden anhand ihres Nährstoffbedarfs in die Schwach-, Mittel- und Starkzehrer aufgeteilt.

Starkzehrer werden im ersten Jahr bzw. im Jahr nach der Gründüngung in ein Beet gesetzt, da sie viele Nährstoffe brauchen, und diese noch im Beet vorhanden sind. Dies begünstigt ihr Wachstum und eine erfolgreiche Ernte.

Im zweiten Jahr kommen die **Mittelzehrer** zum Einsatz. Sie benötigen nicht so viele Nährstoffe und es reicht das, was nach den Starkzehrern noch im Boden übrig ist. Zu viele Nährstoffe wirken hier eher ungünstig, da das Gemüse dann oft „schießt", also zu schnell Blüten- und Samenstände bildet und die Frucht somit nicht die gewünschte Größe erreicht.

Nachdem die Stark- und Mittelzehrer fast alles an Nährstoffen aus dem Boden entnommen haben, gibt es nur noch wenige Pflanzen, sogenannte **Schwachzehrer**, die mit dem mageren Boden im dritten Jahr zurechtkommen und sich diesen sogar wünschen. Auch hier kommt es bei zu vielen Nährstoffen nicht zum gewünschten Ernteergebnis.

Im vierten Jahr muss sich der Boden erholen. Dies kann man mit Pflanzen erzielen, die dem Boden wieder Nährstoffe zuführen, der sogenannten **Gründüngung**. Diese Pflanzen werden nicht wie die Nutzpflanzen geerntet, sondern entweder in den Boden eingearbeitet oder zerkleinert als Mulch aufgebracht. Wenn du die Pflanzen untergraben möchtest, solltest du dies spätestens 3 Wochen vor der ersten Pflanzung tun, damit die Organismen in der Erde genug Zeit haben, das Material zu zersetzen und somit die Nährstoffe freizusetzen. Beim Mulchen ist das

egal, da die Gründüngung mit der Zeit an der Oberfläche verrottet und so die in ihr enthaltenen Nährstoffe der Erde zugeführt werden. Die Gründüngung macht somit zwei Sachen auf einmal: Sie verbessert den Boden durch das Einbringen von Stickstoff und erzeugt mit der Zeit wertvollen Humus. Bei kleinen Gemüsegärten ist eine Winterdüngung von Vorteil, da sie uns in der wärmeren Jahreszeit mehr Raum für das Gemüse gibt.

Tipp

Sonnenblumen lassen sich auch am Ende der Saison als Gründüngung verwenden. Einfach die abgeschnittenen Blütenstände der Sonnenblume liegen lassen (auch ein tolles Futter für die Vögel im Herbst/Winter!) und im Frühling in den Boden einarbeiten.

1. STARKZEHRER

Artischocken, Auberginen, Blumenkohl, Brokkoli, Gurken, Kartoffeln, Kohlsorten, Kürbis, Lauch, Mais, Mangold, Melonen, Sellerie, Tomaten, Zucchini

2. MITTELZEHRER

Erdbeeren, Endivien, Fenchel, Karotten, Knoblauch, Paprika, Pastinaken, Rettich, Rote Bete, Salat, Spinat, Stangenbohnen, Wurzelpetersilie, Zwiebeln

4. GRÜNDUNGUNG

Buchweizen, Erbsen, Lupinen, Ölrettich, Phacelia, Gelbsenf, Wicken, Welsches Weidelgras

3. SCHWACHZEHRER

Buschbohnen, Erbsen, Feldsalat, Kräuter, Radieschen, Sonnenblumen

GRÜNDUNGUNG: ARTEN

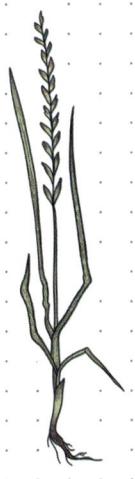

Welsches Weidelgras kann man im Oktober noch ansäen und es wird im Frühling als Jung-pflanze untergegraben.

Wicke ist eine Hülsenfrucht und sollte deshalb nicht vor oder nach anderen Hülsenfrüchten wie Erbsen oder Bohnen gepflanzt werden. Sie kann von August bis Oktober ausgepflanzt und im Frühjahr untergegraben werden.

Senf wird meist im Frühjahr nach den Früh-kartoffeln gesät und im Herbst abgeschnitten, bevor er sich selbst aussäen kann. Die abge-schnittenen Pflanzenteile bleiben liegen und werden im Frühjahr dann untergeharkt. Ein Plus beim Senf: Die Blätter können das ganze Sommerhalbjahr geerntet und zum Beispiel in Soßen und Salaten verwendet werden.

Lupinen werden im nach dem letzten Frost aus-gesät, im Herbst abgeschnitten und im Frühjahr untergearbeitet. Eine Pflanzung im Herbst ist ebenso möglich. Sie riechen wunderbar und bie-ten Insekten wertvolle Nahrung. Die Samen der Süßlupinen sind außerdem essbar.

 Nicht mit Zierlupinen verwechseln: Diese sind giftig!

Praxistipps

Bevor du mit dem Pflanzen starten kannst, gilt es noch ein paar Dinge über das Saatgut, die Aussaat und das Pikieren zu lernen.

SAATGUT

Wähle zur Anzucht von Gemüse am besten Biosaatgut und verzichte auf Hybrid-Arten (F1 etc.) – diese sind nämlich nicht samenfest und erzielen bei der Nachzucht aus selbstgewonnenem Saatgut womöglich nicht die gewünschten Sorten oder Erfolge. Samenfeste Sorten bieten den Vorteil, dass aus diesen wieder neue Samen gewonnen werden können. Zu empfehlende Bezugsquellen findest du auf Seite 187.

Wie viel Licht ein Samen benötigt, zeigt die Einteilung in **Licht- und Dunkelkeimer**. Lichtkeimer benötigen eine sehr hohe Lichtintensität. Sie werden also auf der Erde ausgesät und leicht angedrückt, sodass sie genug direktes Sonnenlicht erhalten können. Bei Dunkelkeimern würde direktes Licht der Keimfähigkeit schaden. Drücke deshalb die Samen von Dunkelkeimern ein paar Zentimeter tief in die Erde hinein. Die Erdschicht sollte etwa doppelt so dick wie der Samen sein. Ob eine Gemüsesorte Licht- oder Dunkelkeimer ist, siehst du in den Steckbriefen.

 Je feiner das Saatgut, desto flacher legt man es in die Erde.

ANZUCHT

Bei der **Vorkultur** werden die Samen im Haus, also möglichst warm und am besten auf der sonnigen Fensterbank vorgezogen. Diese Anzuchtmethode ist vor allem für jene Pflanzen sinnvoll, die eine lange Zeit brauchen, bis sie Früchte bilden. Auch sollte sie für wärmeliebende und sehr schneckenanfällige Pflanzen gewählt werden.

Die **Direktaussaat** ist vor allem für jene Gemüsesorten geeignet, die nicht so kälteempfindlich sind. Allerdings hängt hier der Erfolg der Ernte von den Temperaturen und Wetterbedingungen ab. Ob eine Gemüsesorte für die Vorkultur oder Direktaussaat geeignet ist, zeigt der Aussaat- und Erntekalender auf den Seiten 94–97.

Sobald sich das erste Laubblatt bei den Pflanzen entwickelt, geht es an das **Pikieren**, also die Vereinzelung. Jeder Keimling kann sich auf diese Weise einzeln entwickeln. Dazu nimmt man am besten einen Pikierstab oder einen Teelöffel-Stiel zur Hand und hebt das Wurzelwerk vorsichtig heraus. Dann kann man das Pflänzchen in ein eigenes Töpfchen setzen.

Gemüsesorten

IM PORTRÄT

Jetzt kommen wir zum Wesentlichen: dem Gemüse selbst. Neben welchen Pflanzen kann es angepflanzt werden? Welcher Abstand ist nötig? Wann wird es geerntet? All dies und noch ein paar interessante Fakten über Gemüse findest du in diesem Kapitel. Außerdem kannst du dir zu jedem Gemüse noch weitere Daten, Sortenempfehlungen oder Rezeptideen notieren. Am Ende des Kapitels ist dann noch Platz, um dir weitere Gemüsesorten einzutragen.

Artischocke

CYNARA CARDUNCULUS

Sortenempfehlung: 'Imperial Star'

 Starkzehrer

 Korbblütler

 Dunkelkeimer

 August bis September

 1 m

 Fenchel

 Knoblauch, Schnittlauch, Sellerie, Zwiebeln

 Artischocken senken den Cholesterin-spiegel und zügeln den Appetit.

Tipp

Artischocken brauchen wirklich seeeehr viel Platz, sehen aber auch in Beeten toll als Zierpflanze aus!

Blumenkohl

BRASSICA OLERACEA

Sortenempfehlung: 'Neckarperle'

 Starkzehrer

 Kreuzblütler

 Dunkelkeimer

 Ende Juli bis Oktober

 40 cm

 Buschbohnen, Erbsen, Karotten, Mangold, Sellerie, Spinat, Tomaten

 Kartoffeln, Knoblauch, andere Kohlsorten, Rettich, Senf, Zwiebeln

 Wird auch Karfiol, Käsekohl, Blütenkohl, Traubenkohl, Minarett-Kohl oder Italienischer Kohl genannt.

Tipp

Blumenkohl eignet sich dank seiner zahlreichen Vitamine und tollen Kocheigenschaften auch hervorragend als Ersatz für Reis bei einer Low-Carb-Ernährung!

Brokkoli

BRASSICA OLERACEA CONVAR. BOTRYTIS

Sortenempfehlung: 'Calinaro'

 Starkzehrer

 Kreuzblütler

 Dunkelkeimer

 Juli bis in den Winter hinein

 50 cm

 Buschbohnen, Sellerie, Tomaten

 Kartoffeln, andere Kohlsorten, Radieschen, Rettich, Senf, Zwiebeln

 Ursprünglich aus Asien, war Brokkoli lange nur in Italien bekannt und kam dann über Frankreich und England schließlich ins restliche Europa. Sobald der Brokkoli geerntet ist, lassen sich seine Sprossen später auch als zweite Ernte oder in Salaten verwenden.

Tipp

Pfefferminze passt super zum Brokkoli, hält den Kohlweißling ab und ihre Blüten stehen auch bei Bienen hoch im Kurs.

Buschbohne

PHASEOLUS VULGARIS

Sortenempfehlung: 'Marona'

 Schwachzehrer

 Schmetterlingsblütler

 Dunkelkeimer

 Mitte Juli bis Mitte Oktober

 40 cm

 Bohnenkraut, Borretsch, Dill, Erdbeeren, Gurken, Kapuzinerkresse, Kohl, Kartoffeln, Mangold, Radieschen, Rettich, Rote Bete, Salat, Salbei, Sellerie, Spinat, Tomaten

 Erbsen, Fenchel, Knoblauch, Paprika, Porree, Schnittlauch, Stangenbohnen, Zwiebeln

 vorziehen und pflanzen: Ziehe die Bohnen im April vor, damit sie nach 4–6 Wochen bereits groß und kräftig ins Beet ausgepflanzt werden können. Da Buschbohnen bei den ersten kalten Temperaturen absterben, ist Mitte Juli der letzte Zeitpunkt, an dem man noch Bohnen pflanzen kann, um sie rechtzeitig vor dem Kälteeinbruch ernten zu können.

 Buschbohnen stammen ursprünglich aus den Anden und wurden als erstes von den Inka kultiviert. Sie galten lange Zeit als „Arme-Leute-Essen". Die Stangenbohnen findet man in Hobbygärten seltener als die ertragreicheren Buschbohnen.

Bohnenkraut, Borretsch, Kapuzinerkresse und Salbei eignen sich hervorragend als Begleitpflanzen und dienen vielen Bienen als Nahrungsquelle!

Erbsen

PISUM SATIVUM

Sortenempfehlung: 'Ambrosia'

 Schwachzehrer/ Gründüngung

 Schmetterlingsblütler

 Dunkelkeimer

 Juni bis August

 30 cm

 Dill, Fenchel, Gurken, Karotten, Kohl, Mais, Radieschen, Salat, Zucchini

 Bohnen, Kartoffeln, Knoblauch, Lauch, Tomaten, Zwiebeln

 Sie galten früher als „Totenspeise": Wer Erbsen in der Karwoche oder in einer der zwölf Rauhnächte aß, der sollte selbst bald einen Toten im Haus haben oder Unglück erfahren.

Tipp

Schneide die Pflanzen nach der Ernte bodentief ab, lass aber die Wurzeln als Stickstoffdünger in der Erde!

Fenchel

FOENICULUM VULGARE MILL.
Sortenempfehlung: 'Fino'

 Mittelzehrer

 Doldenblütler

 Dunkelkeimer

 Juni bis September

 30 cm

 Endivien, Erbsen, Feldsalat, Gurken, Salat, Salbei, Sellerie

 Bohnen, Dill, Kohlrabi, Tomaten

 pflanzen: Der Knollenfenchel mag das warme Wetter der Sommermonate sehr gern, sodass er im August ins Beet gebracht werden sollte.

 Der Fenchel gilt in einigen Ländern wie Australien und Hawaii sowie auf den Azoren als Neophyt. Er wird in drei Varianten unterteilt: Gemüse-, Knollen- oder Zwiebelfenchel, Gewürz- oder Süßfenchel und wilder Fenchel (Bitterfenchel).

Tipp

Salbei stellt eine super Begleitpflanze zum Fenchel dar und ist eine fantastische Nahrungsquelle für Bienen!

Gurken

CUCUMIS SATIVUS L.

Sortenempfehlung: 'Tanja'

 Starkzehrer

 Kürbisgewächse

 Dunkelkeimer

 Juli bis September

 40 cm

 Basilikum, Bohnen, Dill, Erbsen, Fenchel, Knoblauch, Kohl, Kümmel, Lauch, Mais, Rote Bete, Salat, Sellerie, Zwiebeln

 Kartoffeln, Radieschen, Rettich, Tomaten

 vorziehen und ernten: Ziehe die Gurken-pflanzen im April vor, damit sie nach 4–6 Wochen bereits groß und kräftig ins Beet ausgepflanzt werden können. Ernte sie im August, damit sie nicht zu groß werden und somit viele Kerne bilden. Jung geerntet sind sie noch knackig und frisch, und die gallertartige Masse mit den Kernen im Inneren nimmt noch nicht viel Platz ein.

 Der weltweite Ernteertrag der Gurke liegt jährlich bei ungefähr 75 Millionen Tonnen. Davon werden ca. 75 % in China geerntet. Die größten europäischen Gurkenproduzenten sind Spanien und Polen. Deutschland belegt Platz 17.

Tipp

Basilikum und Dill passen auch geschmacklich zur Gurke und sind eine gute Nahrungsquelle für unsere heimischen Insekten.

Karotten

DAUCUS CAROTA
Sortenempfehlung: 'Robila'

 Mittelzehrer

 Doldenblütler

 Dunkelkeimer

 Mitte Juli bis November

 3 cm

 Dill, Erbsen, Knoblauch, Mangold, Radieschen, Rettich, Salat, Spinat, Tomaten, Zwiebeln

 Pfefferminze, Rote Bete

 ernten und neu aussäen: In milderen Regionen können den ganzen Winter über Karotten geerntet werden, wenn man sie mit etwas Laub oder Gartenvlies vor starken Minustemperaturen schützt. Ernte sie spätestens im Februar, damit das Beet für die neue Saison vorbereitet werden kann. Nachsäen kannst du die Rüben den gesamten Frühling und Sommer über. Im Juli ist ein guter Zeitpunkt, um für die künftige Herbsternte vorzusorgen.

 Wird auch Möhre, Gelbe Rübe, Rüebli, Mohrrübe oder Wurzel (in Norddeutschland) genannt. Wenn Kühe zu viele von ihnen fressen, wird die Milch durch das übermäßige Carotin in den Karotten rosa! Und nicht alle Hasen mögen Karotten – kaum vorstellbar!

 *Tipp*

Dill hält Schädlinge fern und bietet vielen Insekten, darunter auch Bienen, Nahrung.

Kartoffeln

SOLANUM TUBEROSUM

Sortenempfehlung: 'Agria'

 Starkzehrer

 Nachtschattengewächse

 Dunkelkeimer

 ab Mitte Juni

 40 cm

 vorkeimen und auspflanzen: Stelle die Kartoffeln im Februar mit den Augen nach oben an einen hellen und ca. 15 Grad warmen Ort. Die Triebe sollten nicht zu lang werden, da sie sonst beim Pflanzen schnell abbrechen und faulen könnten. Im April kannst du die gekeimten Kartoffeln in die Beete setzen. Um die Erde vor Frost zu schützen, kann mit Stroh gemulcht werden.

 ernten und nachpflanzen: Wenn du einige Kartoffeln bereits früh im Jahr ins Beet gebracht hast, kannst du sie im Juni schon als Frühkartoffeln ernten. Dann ist Platz für eine zweite Saatrunde und es können erneut Kartoffeln gepflanzt werden.

 Bohnen, Kapuzinerkresse, Kohlrabi, Mais, Phacelia, Spinat, Tagetes

 Erbsen, Gurken, Kürbis, Rote Bete, Sellerie, Tomaten, Zwiebeln

 Die Fruchtstände der Kartoffeln ähneln nach der Blüte grünen Cocktailtomaten – sind aber hochgiftig!

Tipp

Kartoffeln werden erst geerntet, wenn das Grün komplett gelb ist! Zur Steigerung des Ertrags, häufe immer wieder Erde an, wenn das Grün zu hoch gewachsen ist. Im Hochbeet klappt das sehr gut, wenn es nicht komplett gefüllt ist, da man hier einfach immer wieder Erde nachgibt bis das Grün stark ausgeprägt ist.

Knoblauch

ALLIUM SATIVUM

Sortenempfehlung: 'Vallelado'

 Mittelzehrer

 Liliengewächse

 Dunkelkeimer

 sobald ca. ⅔ des Laubes gelb ist

 20 cm

 Erdbeeren, Gurken, Himbeeren, Karotten, Rote Bete, Tomaten

 Bohnen, Erbsen, Kohl

 Man pflanzt ihn neben viele Gemüsesorten als ein natürliches Abwehrmittel gegen Schädlinge. Bei Verzehr stärkt er die Abwehrkräfte.

Tipp

Knoblauch kann sowohl im Herbst als auch im Frühling gepflanzt werden, da er winterhart ist. Bei der Frühjahrspflanzung ist der Ertrag jedoch etwas höher.

Kohlrabi

BRASSICA OLERACEA VAR. GONGYLODES L.

Sortenempfehlung: 'Superschmelz'

 Starkzehrer

 Kreuzblütler

 Dunkelkeimer

 Mai bis Mitte Oktober

 60 cm

 Bohnen, Borretsch, Dill, Endivien, Erbsen, Gurken, Rote Bete, Salat, Sellerie, Spinat, Tagetes, Tomaten

 andere Kohlsorten

 pflanzen und ernten: Die ersten Pflänzchen können im Februar bereits in die Erde. Damit sie vor den letzten Schneefällen, Graupelschauern und kalten Winden geschützt sind, wird das Frühbeet mit Vlies abgedeckt. Da die Knollen leicht holzig werden, sobald das Wetter heißer wird, ernte sie im Juli.

 Kohlrabi hat nur 24 Kalorien pro 100 g und ist damit ein absoluter Sattmacher! Außerdem stecken sehr viele Vitamine und Nährstoffe in der leckeren Knolle.

 Tipp

Die empfohlene Sorte ist für absolute Kohlrabi-Liebhaber. Sie kann bis zu 8 kg schwer werden und bleibt dabei butterzart, verholzt nicht und bildet keine Blüten.

Kürbis

CUCURBITA MOSCHATA, C. PEPO, C. MAXIMA

Sortenempfehlung: 'Butternut'

 Starkzehrer

 Kürbisgewächse

 Dunkelkeimer

 Juni bis Ende Oktober

 1m

 Mais, Ringelblumen, Stangenbohnen

 Dill, Gurken

 schützen: Die Früchte werden im September größer und schwerer und das Wetter wird feuchter und kälter. Um den Pflanzen zu helfen, den letzten Teil ihres Wachstums heil zu überstehen, empfiehlt es sich, nun etwas Stroh unter die Kürbisse zu legen. Das schützt vor dem kalten Boden, der hohen Feuchtigkeit und zum kleinen Teil sogar vor gierigen Schnecken.

 Kürbisse sind stark rankend und brauchen sehr viel Platz. Es ist nicht selten, dass sie hoch in die Bäume oder zum Nachbarn hin wachsen.

Tipp

Kürbisse wachsen fantastisch in Aztekenbeeten, auch Milpa genannt. Das sind kleine Hügelbeete, in denen als Hauptkultur Mais, Rankende Bohnen und Kürbisse wachsen. Der Mais dient als Rankhilfe für die Bohnen, die Bohnen liefern dem Mais Stickstoff und die Kürbisse beschatten den Boden und halten ihn kühl und feucht.

Mangold

BETA VULGARIS

Sortenempfehlung: 'Rainbow'

 Starkzehrer

 Gänsefußgewächse

 Dunkelkeimer

 Juni bis Ende Oktober

 30 cm

 Bohnen, Karotten, Kohl, Rettich

 Rote Bete, Spinat

 säen und ernten: Das warme Wetter ist dem Mangold sehr zuträglich, sodass er bis Anfang August noch ausgesät und im Herbst dann geerntet werden kann.

 Mangold wurde als erstes von den Griechen angebaut, später dann von den Römern. Mangold lässt sich schlecht lagern und sollte daher erst zum Verzehrzeitpunkt geerntet werden. Eingeschlagen in ein feuchtes Tuch hält er sich im Kühlschrank jedoch auch mal 2 Tage.

Tipp

Wenn man eine samenfeste Sorte wählt, kann man den Mangold im Sommer stehen lassen und später die Samen gut ernten. Da Mangold einen sehr starken Geruch hat, tummeln sich während der Blütezeit oft hunderte von Insekten an seinen Blüten.

Melone

CUCUMIS MELO

Sortenempfehlung: Zuckermelone 'Auslese'

 Starkzehrer

 Kürbisgewächse

 Dunkelkeimer

 August bis Oktober

 1 m

 Bohnen, Erbsen, Fenchel, Kohlrabi, Rote Bete

 Kartoffeln, Tomaten

 vorziehen und schützen: Ziehe die Melonen im April vor, damit sie nach 4–6 Wochen bereits groß und kräftig ins Beet ausgepflanzt werden können. Hilf den schwerer werdenden Früchten im September mit einer Unterlage aus Stroh, damit sie den letzten Teil ihres Wachstums heil überstehen. So schützt du sie vor dem kalten Boden, der hohen Feuchtigkeit und zum kleinen Teil sogar vor gierigen Schnecken.

 Für die Melone gibt es unglaublich viele Trivialnamen! Pademe, Petuna, Befe, Biboz, Ereaphel, Melaum, Phedern, Zärti, Zäckerpädden ... um nur einige Beispiele zu nennen.

Paprika

CAPSICUM ANNUUM

Sortenempfehlung: 'Roter Augsburger'

 Mittelzehrer

 Nachtschattengewächse

 Dunkelkeimer

 Mitte Juli bis Oktober

 60 cm

 Karotten, Kohl

 Erbsen, Fenchel, Rote Bete

 pikieren, auspflanzen und ausgeizen:
Die Jungpflanzen brauchen im April mehr Platz und sollten deshalb einzeln in kleine Töpfe gepflanzt werden. Stelle diese im Mai tagsüber nach draußen, damit die Pflanzen sich langsam an das Klima gewöhnen können. Mitte Mai dürfen sie dann ins Beet umziehen. Geize im September die Blätter und neuen Blütenstände aus, damit die Pflanze ihre restliche Kraft in die bereits vorhandenen Fruchtansätze steckt. Die Früchte werden somit größer und reifen nach, bevor die ersten frostigen Nächte des Herbstes ihr Wachstum zum Stocken bringen.

 Die Paprika ist keine Schote, sondern nach streng botanischer Definition eine Beere. Weil sie jedoch mit zunehmender Reife trockener wird, spricht man von einer Trockenbeere.

Tipp

Paprika sollte gestützt werden, damit sie stabiler steht. Es ist auch zu empfehlen, die Königsblüte auszubrechen.

Radieschen

RAPHANUS VAR. SATIVUS

Sortenempfehlung: 'Sora'

 Schwachzehrer

 Kreuzblütler

 Dunkelkeimer

 Mai bis Oktober

 10 cm

 Bohnen, Erbsen, Kapuzinerkresse, Karotten, Kohl, Mangold, Petersilie, Salat, Spinat, Tomaten

 Chinakohl, Gurken, Kohlrabi

 aussäen und ernten: Du kannst Radieschen bereits im Februar draußen aussäen. Decke sie aber noch mit Vlies ab, damit sie vor den letzten Schneefällen, Graupelschauern und kalten Winden geschützt sind. Ernte sie am besten im Juli, denn die Knollen werden leicht holzig, sobald das Wetter heißer wird.

 Je intensiver die rote Farbe des Radieschens ist, desto gesünder ist es. Es besteht aus 94 % Wasser und hat somit kaum bis keine Kalorien. Das enthaltene Allylsenföl regt die Verdauung an.

Tipp

Radieschen lassen sich nur bedingt lagern – ohne Grün in einem feuchten Tuch klappt das im Kühlschrank aber für ein paar Tage.

Rettich

RAPHANUS SATIVUS

Sortenempfehlung: 'Laurin'

 Mittel- bis Starkzehrer

 Kreuzblütler

 Dunkelkeimer

 April bis Juni und Mitte September bis November

 10 cm

 Bohnen, Erbsen, Kapuzinerkresse, Karotten, Kohl, Mangold, Petersilie, Salat, Spinat, Tomaten

 Chinakohl, Gurken

 aussäen und ernten: Das kälteresistente Wurzelgemüse kann im April ins Beet. Damit die Keimlinge nicht erfrieren, decke sie in kalten Nächten mit Vlies ab. Da die Knollen leicht holzig werden, sobald das Wetter heißer wird, ernte sie bereits im Juli.

 Angeblich kann Rettich den Insulin-spiegel stabilisieren.

Tipp

Je kleiner der Rettich geerntet wird, desto schärfer ist er. Guten Appetit!

Rosenkohl

BRASSICA OLERACEA VAR. GEMMIFERA

Sortenempfehlung: 'Idemar'

 Stark- bis Mittelzehrer

 Kreuzblütler

 Dunkelkeimer

 Oktober bis März

 50 cm

 Erbsen, Gurken, Rettich, Sellerie, Spinat

 andere Kohlsorten, Radieschen, Zwiebeln

 ernten: Wenn der Rosenkohl bereits groß genug ist und es schon ordentlich Frost gegeben hat, kann man ihn im November ernten.

 Rosenkohl ist das unbeliebteste Gemüse der Deutschen – muss man das verstehen? Früher war Rosenkohl noch sehr bitter, denn er enthielt Glucosinolate. Diese wurden aber in den 1990er-Jahren gezielt weggezüchtet.

 Der Rosenkohl ist nicht nur kälteunempfindlich, sondern winterhart und eignet sich daher für die Anzucht, Aufzucht und Ernte im Winter. Nach der Überwinterung bildet der Rosenkohl essbare Sprossen und später Blüten.

 *Tipp*

Das Gemüse schmeckt um einiges aromatischer, wenn es einmal schön durchgefroren war. Alternativ kann man die Röschen in frostfreien Regionen nach dem Ernten auch kurz einfrieren.

Rote Bete

BETA VULGARIS

Sortenempfehlung: 'Robuschka'

 Mittelzehrer

 Fuchsschwanzgewächse

 Dunkelkeimer

 August bis Oktober

 10 cm

 Bohnen, Dill, Gurken, Kohl, Salat, Zucchini, Zwiebeln

 Kartoffeln, Mangold, Porree, Spinat

 Rote-Bete-Saft hilft gegen Bluthochdruck, stärkt die Nägel und festigt die Haarwurzeln. Außerdem reduziert das enthaltene Betacarotin die Fältchenbildung! Schält man die Rote Bete vor dem Garen, verliert sie den Saft und wird grau – also lieber erst nach dem Kochvorgang schälen, dann aber mit Handschuhen, denn sie färbt sehr stark.

Tipp

Das Grün der Rote Bete nicht wegwerfen! Es enthält im Vergleich zur Knolle die siebenfache Menge an Kalzium, die sechsfache Menge an Vitamin C und die dreifache Menge an Magnesium – und es schmeckt lecker im Salat oder als Pesto.

Salat

LACTUCA SATIVA

Sortenempfehlung: 'Deutscher Trotzkopf'

 Mittelzehrer

 Korbblütler

 abhängig von der Sorte

 laufend in frostfreien Zeiten nach ca. 6–8 Wochen

 25 cm

 Bohnen, Dill, Erbsen, Erdbeeren, Gurken, Karotten, Kohl, Lauch, Tomaten, Zwiebeln

 Petersilie, Sellerie

 säen und auspflanzen: Pflücksalate und einige andere Sorten sind kälteunempfindlich und können bereits im März, geschützt durch Vlies, ins Beet gebracht werden, sodass man sie in wenigen Wochen ernten kann. Wenn du Salat ab März im Warmen vorziehst, kannst du die Jungpflanzen im April auspflanzen.

 Die Hälfte des Salates der EU wird in Spanien und Italien erzeugt. Er hat viele Ballaststoffe und vertreibt die Müdigkeit. Das enthaltene Chlorophyll, durch das der Salat grün ist, unterstützt die Sauerstoffversorgung des Gehirns und hilft der Konzentration.

Tipp

Viele Salatsorten, zum Beispiel Pflücksalat, kann man mehrmals ernten, indem man sie nicht komplett abschneidet, sondern immer die größten Blätter von außen wegnimmt. Der Salat wächst dann immer wieder nach.

Sellerie

APIUM GRAVEOLENS

Sortenempfehlung: Stangensellerie 'Tall Utah'

 Starkzehrer

 Doldenblütler

 Lichtkeimer

 Mitte Mai bis September

 40 cm

 Bohnen, Kohl, Fenchel, Gurken, Pastinaken, Salat, Spinat, Tomaten

 Erbsen, Kartoffeln, Sellerie

 Sellerie ist ein wahrer Alleskönner. Der Saft wirkt bei zu hohem Blutdruck, die Knolle lindert Verdauungsstörungen und schützt den Magen, verhindert Entzündungen und kräftigt das Herz-Kreislauf-System.

Tipp

Schon mal Sellerieschnitzel probiert? Einfach Knollensellerie in ca. 1 cm dicke Scheiben schneiden und pur oder paniert braten!

Spinat

SPINACIA OLERACEA

Sortenempfehlung: 'Butterflay'

 Mittelzehrer

 Gänsefußgewächse

 Dunkelkeimer

 fast das ganze Jahr über, allerdings gedeiht er über die Sommermonate nicht so gut, da er schnell in die Blüte geht

 30 cm

 Bohnen, Erdbeeren, Kartoffeln, Kohl, Radieschen, Rettich, Rhabarber, Tomaten

 Rote Bete

 ernten: Einige Sorten Spinat können im November noch geerntet werden. Es empfiehlt sich, dies am frühen Nachmittag zu tun. Wird der Spinat nicht geerntet, verbleibt er während des Winters im Beet.

 Das Gerücht des hohen Eisengehalts von Spinat kursiert aufgrund einer Laboranalyse von Gustav von Bunge Ende des 19. Jh. – die Messung bezog sich jedoch auf getrockneten Spinat. Frischer Salat besteht zu 90 % aus Wasser, sodass dieser Wert nicht übertragbar ist. Spinat hat mit ca. 2,2 mg Eisen pro 100 g Blätter weniger Eisen als Schokolade.

 Spinat ist allgemein sehr frostfest und kann bereits sehr früh oder auch sehr spät im Jahr noch angebaut werden, wenn man ihn im Gewächshaus oder unter etwas Vlies schützt.

Tipp

Zur längeren Lagerung sollte man ihn kurz blanchieren und anschließend in Eiswasser abschrecken. So kann man ihn bis zu 10 Monate lang ohne erheblichen Verlust von Geschmack oder Vitaminen einfrieren.

Tomaten

SOLANUM LYCOPERSICUM

Sortenempfehlung: Cocktailtomate 'Black Cherry'

 Starkzehrer

 Nachtschattengewächse

 Lichtkeimer

 Mitte Juli bis Anfang Oktober

 50 cm

 Bohnen, Karotten, Knoblauch, Petersilie, Radieschen, Ringelblumen, Salat, Sellerie, Spinat, Zwiebeln

 Erbsen, Fenchel, Gurken, Kartoffeln, Rote Bete, Rotkohl

 vorziehen, pikieren und ausgeizen: Ziehe die Tomaten, je nach Sorte, bereits Ende Februar bis Mitte März geschützt vor. Hell, aber nicht zu warm stellen und im April pikieren, wenn sie zu kleinen Sämlingen herangewachsen sind. Entferne ab Juni die Geiztriebe, um den Wuchs zu lenken. Zusätzlich zum Ausgeizen der Blätter sollte man im September neue Blütenstände ausbrechen, damit die Pflanze ihre restliche Kraft in die bereits vorhandenen Fruchtansätze stecken kann. Die Früchte werden dadurch größer und reifen nach.

 ernten: Die ersten Tomaten werden im August langsam reif, sodass du sie ernten kannst. Die Pflanzen tragen aber je nach Witterung noch weit in den Herbst hinein Früchte.

 Es gibt Tomaten im All! Das internationale Projekt EDEN ISS arbeitet an einer Gemüsezucht, sodass die Astronauten mit frischem Obst und Gemüse versorgt werden. Auch Tomaten spielen bei diesem Projekt eine große Rolle.

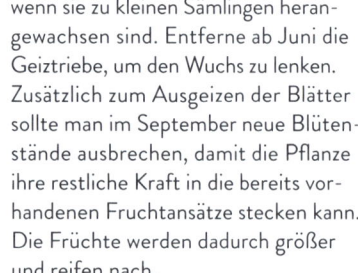

Tipp

Tomaten gedeihen am besten im Kübel oder Eimer mit ca. 20 Liter Volumen. Stelle ihn an die Hauswand, um die Pflanze vor der Witterung zu schützen.

Zucchini

CUCURBITA PEPO SUBSP. PEPO CONVAR. GIROMONTIINA

Sortenempfehlung: 'Temprano de Argelia'

 Starkzehrer

 Kürbisgewächse

 Dunkelkeimer

 Juni bis Oktober

 50 cm

 Basilikum, Bohnen, Kapuzinerkresse, Zwiebeln

 Gurken

 Die Zucchiniblüte kann ebenfalls gegessen werden! Zucchini ist außerdem als Kürbisgewächs, trotz der Ähnlichkeit, nicht mit der Gurke verwandt.

Tipp

Basilikum und Kapuzinerkresse schmecken auch in Kombination hervorragend. Hat die Zucchini einen bitteren Geschmack, bitte sofort entsorgen, da giftig! Der giftige Bitterstoff entsteht durch Cucurbitacine. Diese werden auch nach dem Kochen nicht zerstört und der grässliche Geschmack bleibt – zum Glück.

Kräuter

KURZ UND KNAPP

Auch die schmackhaften Beipflanzen sollen hier im Buch ihren Platz finden. Es gibt unzählige verschiedene Kräuter mit genauso vielen Geschmäckern und Gerüchen. Das lockt natürlich auch die unterschiedlichsten Insekten an, was sich wiederrum positiv auf unseren Garten und dessen Entwicklung auswirkt. Ein paar der beliebtesten dieser Kräuter möchte ich dir nun näherbringen.

Bärlauch

ALLIUM URSINUM

 halbschattig bis schattig, feuchter und humoser Boden

 mehrjährig

 Kalt- und Lichtkeimer

 winterhart

 benötigt kaum Pflege; im Herbst schadet es nicht, die Beete mit Laub zu mulchen

 Die Pollen und der Nektar der im Mai blühenden Pflanze sind bei den Bienen und Hummeln sehr beliebt.

 Astilbe, Buschwindrose, Johanniskraut, Maiglöckchen, Schaumblüte

 keine

 In vielen Wäldern findet man ganze Bärlauch-Wiesen, die wild und unberührt wachsen. Er vermehrt sich sehr schnell über seine Zwiebeln. Wenn man die Ausbreitung auf einen bestimmten Teil des Gartens oder Beetes beschränken möchte, kann man ihn in große Kübel oder Hochbeete pflanzen. In Beeten sollte man eine Rhizomsperre nutzen.

 Hier besteht Verwechslungsgefahr mit dem giftigen Maiglöckchen und der Herbstzeitlosen!

Basilikum

OCIMUM BASILICUM

 warm, sonnig und geschützt auf nährstoffreichem und humosem Boden

 einjährig

 Lichtkeimer

 muss im Haus überwintert werden, da frostempfindlich

 regelmäßig gießen, Staunässe vermeiden und alle 2–4 Wochen düngen

 vermehren: Um auch im Winter von frischen Kräutern zu profitieren, sollte man das Basilikum im Oktober entweder teilen oder als Stecklinge in große Töpfe setzen und im Haus an einen hellen Ort stellen.

 Der Geruch erfreut nicht nur uns Menschen, sondern lockt auch Bienen, Hummeln und andere Insekten an, die vom Nektar und den Pollen profitieren.

 Fenchel, Gurken, Kohl, Mangold, Tomaten, Zucchini

 Bohnenkraut, Melisse, Salbei, Thymian

 Es gibt über 60 Arten von Basilikum, wovon ca. 10 als Küchen- und Heilkräuter kultiviert werden. Basilikum ist neben Pfeffer und Salz das am meisten genutzte Gewürz in Deutschland. Wenn man ihn im Topf im Haus überwintern möchte, dann braucht er viel Platz, da Basilikum schnell wächst und bei Nährstoffmangel eingeht.

Oregano

ORIGANUM VULGARE

 vollsonnig und trocken

 mehrjährig

 Lichtkeimer

 In sehr kalten Regionen schadet ein Winterschutz der Pflanze nicht.

 regelmäßig wässern, aber Staunässe vermeiden

 für Bienen, Hummeln und Schmetterlinge wie das Große Ochsenauge, den Schachbrettfalter oder das Kleine Wiesenvögelchen eine wertvolle Nahrungsquelle

 Bohnenkraut, Karotten, Kürbispflanzen, Lauch, Salbei, Tomaten, Zwiebeln

 Brokkoli

 vermehren und trocknen: Ziehe neue Stecklinge im Juli, damit das Kräuterbeet von Jahr zu Jahr üppiger wird. Außerdem ist das Wetter nun perfekt, um die Kräuter zu trocknen. Dazu die frisch abgeschnittenen Kräuterstände an einen trockenen, warmen Ort legen – locker, damit nichts schimmeln kann. So trocknen die Kräuter langsam und aromatisch vor sich hin.

 Der Oregano gehört zu der Familie der Lippenblütler und kommt aus dem mediterranen Raum. Man bezeichnet ihn auch als Wohlgemut, Gewöhnlicher Dost, Wilder Majoran – nicht zu verwechseln mit dem echten Majoran!

Petersilie

PETROSELINUM CRISPUM

 sonnig bis halbschattig auf durchlässigen und humosen Böden

 zweijährig

 Dunkelkeimer

 kann überwintert werden, wenn im Herbst einige Wurzeln stehen gelassen werden

 Das Beet sollte nicht austrocknen und unkrautfrei gehalten werden, damit die Petersilie nicht vom Beikraut verdrängt wird.

 Die Blütendolden locken zahlreiche Insekten an, vor allem kleine, heimische Wildbienenarten.

 Mangold, Spinat, Tomaten, Zucchini

 Salat

 aussäen: Säe Petersilie im Juli neu, damit du auch im Herbst noch genügend frische Kräuter zur Verfügung hast.

 Petersilie ist genau wie Schnittlauch eine der gängigsten Kräuterstauden im Garten. Es gibt zwei Arten von Petersilie: die glatte und die krause. Petersilie ist außerdem ein Doldenblütler und sollte, wie beispielsweise auch die Karotte, nur ca. alle 4 Jahre auf demselben Platz stehen. Das heißt, man sollte sie jedes Jahr umsetzen, damit sie prachtvoll gedeiht. Tut man dies nicht, kann es sein, dass die Pflanze nur sehr kümmerlich wächst.

Rosmarin

ROSMARINUS OFFICINALIS

 vollsonnig und geschützt auf trockenem, magerem Boden

 mehrjährig

 Dunkelkeimer

 übersteht milde Winter

 präferiert wenig Dünger und sparsames Gießen

 Die hellen Blüten locken mit ihrem Duft nicht nur Hummeln und Bienen, sondern auch Nachtfalter an.

 Fenchel, Lauch, Lavendel, Oregano, Salbei, Thymian, Zwiebeln

 Senf

 zurückschneiden, vermehren und trocknen: Schneide das Kraut im Frühjahr zurück, um eine Verkahlung zu verhindern. Damit das Kräuterbeet von Jahr zu Jahr üppiger wird, kannst du im Juli Stecklinge ziehen. Außerdem ist dann auch das Wetter perfekt, um die Kräuter zu trocknen.

Schnittlauch

ALLIUM SCHOENOPRASUM

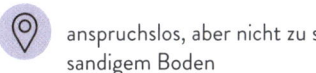 anspruchslos, aber nicht zu sonnig; auf sandigem Boden

 mehrjährig

 Kalt- und Dunkelkeimer

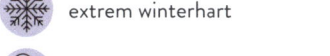 extrem winterhart

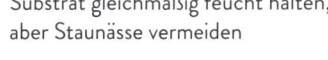 Substrat gleichmäßig feucht halten, aber Staunässe vermeiden

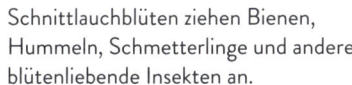 Schnittlauchblüten ziehen Bienen, Hummeln, Schmetterlinge und andere blütenliebende Insekten an.

 Erdbeeren, Karotten

 Bohnen, Wermut

 Die Blüten sind ebenfalls essbar und schmecken vor allem als Beilage im Salat oder in Schnittlauchbutter besonders gut. Auch Insekten lieben diese Blüten, daher ist es ratsam, immer nur einen Teil zu ernten und den anderen in Blüte gehen zu lassen.

68

Bienenfreundlich

GÄRTNERN

Gemüse und Kräuter anzubauen kann dir nicht nur direkt, sondern auch indirekt einen Mehrwert für deinen Speiseplan bieten. Indem die Pflanzen den Bienen eine Nahrungsquelle bieten, kannst du von Honig, Margarine und Kürbiskernen profitieren. Wie du den Wildbienen auch mit heimischen Pflanzen einen Lebensraum bieten kannst, erfährst du auf den folgenden Seiten.

Wild- und Honigbienen

WOZU SIND BIENEN WICHTIG?

Über 80 % unserer Nutzpflanzen und über 90 % der heimischen Pflanzen werden von Bienen bestäubt! Ohne Bienen gäbe es keine Früchte, keine Sonnenblumen- oder Kürbiskerne, keine Mandeln, keine Margarine. Wildbienen, allen voran die dichtbehaarten Hummeln, sind wichtigere Blütenbestäuber als die Honigbiene: Sie fliegen schon bei niedrigen Temperaturen, bei Regen und bei Wind. Und sie bestäuben die Blüten besser als Honigbienen, da sie beim Blütenbesuch mit ihrem Körper die gesamte Blütennarbe berühren.

WIE GEHT ES DEN BIENEN?

Wie allen Insekten geht es auch den Wildbienen schlecht. In den letzten 30 Jahren sind über 80 % der heimischen Insekten verschwunden – zu diesem erschreckenden Ergebnis kam der Entomologische Verein Krefeld in einer Studie. Vor allem der Einsatz von Pflanzenschutzmitteln wie Neonikotinoide, die Vernichtung von Brutplätzen durch die industrialisierte Landwirtschaft, der Verlust blühender Pflanzen und das ständige Aufräumen durch Mähen und Zurückschneiden (auch zum Winter hin) setzt den Insekten zu: Deutschland ist zu grün, es fehlen Wildblumen und Wildblütensträucher überall. Auch den Honigbienen setzt der Einsatz von Neonikotinoiden zu: Schon geringste Mengen dieses Insektizids blockieren die Reizweiterleitung im Nervensystem der Insekten und machen aus der Biene ein antriebsloses Wesen, das nichts mehr mitbekommt und nur noch verenden kann. Besonders tückisch ist die weitverbreitete Beizung von Saatgut mit diesem Gift.

WIE KANN MAN BIENEN FÖRDERN?

Räume deinen Garten unbedingt weniger auf, säe heimische Wildblumen aus und pflanze heimische Wildsträucher, Apfel- und andere Obstbäume sowie Beerensträucher. Mähe den Rasen nur ein- oder zweimal im Jahr, lass alles Abgeblühte über den Winter stehen, sorge für offene, sandige Bodenstellen (zum Beispiel unter dem Dachtrauf), lass Totholz stehen und richte viele Kleinstrukturen wie Trockenmauern, lockere Haufen mit Steinen, Ästen und Scheiten ein. Auch auf Balkon und Terrasse kannst du Gutes für Bienen tun:

- verschiedene Bienenblumen in Kästen, Kübeln und anderen Gefäßen säen und pflanzen

- Wände und Mauern mit Efeu, Glyzine und anderen Klettergehölzen begrünen

- auf den Einsatz von Pflanzenschutzmitteln gänzlich verzichten, lieber auf Nützlinge setzen

- Nisthilfen für Mauerbienen und Löcherbienen bauen

Bienenfreundliche

PFLANZEN

Nun lernst du die heimischen Pflanzen kennen, welche in unseren Gärten gedeihen und den 565 heimischen Wildbienenarten einen Lebensraum bieten. Ich stelle dir nektarreiche und pollenhaltige Knollen- und Zwiebelpflanzen, Gehölze und Sträucher, Stauden sowie Wiesen- und Balkonblumen vor. So kannst auch du einen Beitrag dazu leisten, die Wildbienen vor dem Aussterben zu retten.

Akelei

AQUILEGIA VULGARIS

 sonnig bis halbschattig

 regelmäßig gießen, wenig düngen

 Mai bis Juli

 für Bienen und Hummeln

 Die Akelei samt sich selbst aus und gedeiht sehr gut in Pflanzgefäßen. Bei der Sortenwahl unbedingt auf ungefüllte Blüten achten – gezüchtete Sorten mit gefüllten Blüten haben weder Nektar noch Pollen.

 Achtung, giftig!

Blutweiderich

LYTHRUM SALICARIA

 sonnig

 regelmäßig gießen, verträgt Staunässe

 Juni bis September

 für Bienen, Hummeln und Schmetterlinge

 Wähle für den Blutweiderich einen möglichst sonnigen Standort. Die Insekten werden es dir danken, denn je sonniger er wächst desto mehr Blüten bildet er. Achte zudem darauf, dass er immer im Feuchten steht.

Fetthenne

SEDUM TELEPHIUM

 sonnig

 mäßig gießen, wenig düngen

 August bis Oktober

 für Bienen, Hummeln und Schwebefliegen

 Die Fetthenne ist sehr robust und besonders im Herbst eine wichtige Insektenweide. Schneide sie nach der Blüte daher nicht direkt zurück, sondern lass die vertrockneten Blütenstängel bis zum Frühjahr stehen.

Fingerhut

DIGITALIS PURPUREA

 halbschattig bis schattig

 Mulchschicht aus verrottetem Laub

 Juni bis August

 für Bienen und Hummeln

 Der Fingerhut ist nur für größere Bienenarten interessant, da kleinere Bienen die Barriere aus Haaren an den Blütenblättern nicht durchdringen können. Dennoch ist er eine wunderbare Bienenweide!

 Achtung, giftig!

Färberkamille

ANTHEMIS TINCTORIA

 sonnig

 kaum gießen oder düngen; verträgt keine Staunässe

 Juni bis September

 für Bienen, Hummeln und Schwebefliegen

 Schneide die Pflanze im September bis auf etwa 10 cm zurück. Das regt die Bildung neuer, kräftiger Triebe an. Zudem solltest du Verblühtes während der Blütezeit laufend entfernen, denn so zeigt sie über Monate immer wieder neue Blüten.

Kornblume

CENTAUREA CYANUS

 sonnig

 regelmäßig gießen, wenig düngen

 Juni bis Oktober

 für Bienen, Hummeln, Schmetterlinge und Schwebefliegen

 Die Kornblume wächst nicht nur auf dem Acker – aufgrund ihres hohen Zuckergehalts darf sie auch in keinem bienenfreundlichen Garten fehlen. Entferne die verblühten Blütenstände regelmäßig, dann blüht sie mehrfach!

Krokus

CROCUS

 sonnig

 nicht gießen, vor Staunässe schützen

 Februar bis Mai; September bis Oktober

 für Bienen und Hummeln

 Krokusse bieten als Frühblüher Bienen und Insekten mit die erste wichtige Nahrungsquelle im Jahr. Dieser erste Nektar hilft Bienen und Hummeln beim Aufbau und bei der Stabilisierung ihrer Völker in der kühlen Jahreszeit.

 Achtung, giftig!

Lavendel

LAVANDULA ANGUSTIFOLIA

 sonnig bis halbschattig, warm und trocken

 selten gießen

 Juni bis August

 für Bienen, Hummeln, Schmetterlinge und Schwebefliegen

 Der Lavendel ist die Bienenpflanze schlechthin! Er zieht jede Menge Insekten an und gedeiht am besten an einem sonnigen, warmen Standort.

Ringelblume

CALENDULA OFFICINALIS

 sonnig

 mäßig gießen, Beetvorberei-
tung mit reifem Kompost

 Juni bis September

 für Bienen, Hummeln,
Schmetterlinge, Käfer,
Schwebefliegen

 Die pflegeleichten Ringelblumen samen sich selbst
aus und werden von vielen
Insekten besucht.

Sonnenblume

HELIANTHUS ANNUUS

 sonnig

 regelmäßig gießen und düngen

 Juli bis September

 für Bienen, Hummeln und
Schmetterlinge

 Wähle am besten die
Sorte 'Pollenreich'. Bei
anderen Sorten fällt
die Nektar- und
Pollenausbeute
oftmals eher
mau aus, da
durch Züchtungen
der Pollengehalt
reduziert wurde.

Efeu

HEDERA HELIX

 sonnig bis schattig

 regelmäßig gießen und düngen

 August bis Oktober

 für Bienen, Hummeln, Käfer und Schwebefliegen

 Diese Kletterpflanze ist eine der besten heimischen Insektenpflanzen. Der Efeu blüht recht spät im Jahr und ist somit eine wichtige Nahrungsquelle in einer Zeit, in der es sonst nur noch wenige Nektarquellen gibt.

Herbst-Himbeere

RUBUS IDAEUS

Sorte 'Sugana', 'Autumn Bliss'

 sonnig bis halbschattig

 regelmäßig gießen und düngen; im Frühjahr komplett zurückschneiden

 Mai bis August

 für Bienen, Hummeln, Schmetterlinge und Schwebefliegen

 Die Herbst-Himbeere verträgt keinen starken Wind und keine Staunässe, ansonsten ist sie sehr pflegeleicht. Die Blüten sind reich an Pollen und süßem Nektar und die Blätter sind Nahrungsquelle von über 50 Schmetterlingsarten.

Rote Johannisbeere

RIBES RUBRUM

 sonnig bis halbschattig

 regelmäßig gießen und düngen

 April bis Mai

 für Bienen und Hummeln

 Die Pflege der Roten Johannisbeere gestaltet sich unkompliziert.

Sommerflieder

BUDDLEJA DAVIDII

 sonnig bis halbschattig

 regelmäßig gießen und düngen, Staunässe vermeiden

 Juli bis September

 für Bienen, Hummeln und Schmetterlinge

 Der Sommerflieder ist ein wahrer Schmetterlingsmagnet! Damit er sich nicht unkontrolliert ausbreitet und so heimische Sträucher verdrängt, ist es wichtig, dass man verblühte Pflanzenteile konsequent entfernt. Zudem sollte man ihn im Frühjahr einmal stark zurückschneiden.

82

Spitz-Ahorn

ACER PLATANOIDES

 mindestens 3 Meter Abstand zu Mauern, Terrassen und Pflanznachbarn

 Jungpflanzen häufig bewässern, aber Staunässe vermeiden

 April bis Mai

 für Bienen

 Da er als einer der ersten Bäume im Frühling blüht, ist der Spitzahorn zu dieser Zeit ein sehr wichtiger Nahrungslieferant für Insekten.

Wildrose

ROSA CANINA

 sonnig

 regelmäßig gießen und düngen

 April bis Mai

 für Bienen, Hummeln, Käfer und Schwebefliegen

 Die Blüten der heimischen Wildrose sind im Gegensatz zu denen der gezüchteten Rosen ungefüllt. So haben es Insekten einfacher, sie zu bestäuben. Außerdem bilden sie Hagebutten, die wiederum Vögeln als Futter dienen.

Projekte
FÜR BIENEN

Damit du direkt anfangen kannst die heimischen Pflanzen
in deinem Garten dekorativ einzusetzen, findest du hier
mehrere kleine Projekte. Diese sind einfach umzusetzen
und benötigen meist nur einen Behälter und Materialien
aus der Natur.

Pflanzungen für Bienen

WILDROSEN-KÜBEL

Im Sommer bezaubern heimische Wildrosen nicht nur durch schöne, duftende Blüten, sie locken auch dank der einfachen Blüten viele Bienen und andere Insekten an. Für den Kübel eignen sich: Hunds-Rose (*Rosa canina*), Apfel-Rose (*Rosa villosa*), Essig-Rose (*Rosa gallica*) sowie die historische Damaszener Rose (*Rosa damascena*). Jährlicher Rückschnitt, wenn die Forsythien blühen.

Die passende Unterpflanzung blüht vom Frühjahr bis in den Herbst hinein: Akelei, Astern, Berg-Minze, Färberkamille, Gold-Felberich, Fingerhut, Frauenmantel, Glockenblumen, Katzenminze, Sommer-Phlox, Rittersporn, Salbei, Schafgarbe, Storchschnabel und Taglilien.

BIENENSTAUDEN-KÜBEL

In diesem Pflanzkübel finden Bienen ab April/Mai bereits Nahrung.

Für den halbschattigen Platz: Roter Fingerhut (*Digitalis purpurea*), Echter Alant (*Inula helenium*), Himmelsleiter (*Polemonium caeruleum*), Pfingstrose (*Paeonia officinalis*), Hoher Phlox (*Phlox paniculata*), Weinraute (*Ruta graveolens*), Junkerlilie (*Asphodeline lutea*), Nachtkerze (*Oenothera biennis*).

Für den halbschattigen Platz in feuchter Blumenerde: Wasserdost (*Eupatorium cannabinum*), Mädesüß (*Filipendula ulmaria*), Schlangen-Wiesenknöterich (*Bistorta officinalis*), Beinwell (*Symphytum officinale*).

Bienentränke

Wild- und Honigbienen besuchen gern die Tränke, um mit ihrer Zunge kleine
Schlucke Wasser aufzulecken.

DU BRAUCHST

— Moos
— Flache Schale

1.

Moose findest du vor allem in den Wäldern.
Dort bedecken sie an schattigen Stellen
den Boden. Sie halten wie ein Schwamm das
Regenwasser über lange Zeiträume fest
und sind daher wichtige Wasserspeicher im
Wald. Sammel dort eine Handvoll Moos.
Du kannst auch in einer örtlichen Gärtnerei
oder einem Gartencenter Moos besorgen.

2.

Lege das Moos eine Weile in Wasser, damit
es sich schön vollsaugt.

3.

Dann gib das Moos in die flache Schale und
biete es an einem schattigen Platz als Tränke
an. Bienen landen zum Trinken auf dem Moos
– das kannst du schön beobachten.

4.

Besprühe das Moos regelmäßig mit Wasser
aus der Sprühflasche, denn durch Verduns-
tung trocknet es leicht aus.

Hummelsnack

Einer Hummelkönigin, die im Frühling bei einem Kälteeinbruch in Not geraten ist, kannst du zur Stärkung einen kleinen süßen Snack anbieten:

DU BRAUCHST

- 2 EL Fruchtzucker (kein Gelierzucker!)
- 1 EL Zucker
- Flache Schale oder Plastikbaustein

1.

Mische 2 Esslöffel Fruchtzucker (Fruktose, Fructose – Kein Gelierzucker!) plus 1 Esslöffel Zucker mit 3 Teelöffeln Wasser. Achte darauf, dass der Zucker vollständig gelöst ist. Gib dann die Zuckerlösung auf eine flache Schale oder in die Hohlräume eines Plastikbausteins aus der Spielzeugkiste.

Bienenfreundlich

GEGEN SCHÄDLINGE UND KRANKHEITEN

Auch wenn du bei deinen Pflanzen auf ihren jeweiligen Wasser- und Nährstoffbedarf sowie den richtigen Standort achtest, kann es natürlich mal vorkommen, dass sich unerwünschte Besucher an deinen Pflanzen zu schaffen machen und Krankheiten auftreten. Schlage in diesem Kapitel nach, wie du diese mit einfachen und bienenfreundlichen Mitteln bekämpfen kannst.

Schädlinge

BLATTLÄUSE

Die zwei bis drei Millimeter großen Blattläuse können sowohl grün, schwarz oder grau aussehen und halten sich vermehrt dicht gedrängt an den Blattstängeln oder Unterseiten der Blätter auf. Sie saugen die Pflanze an, was sich durch stark eingerollte, gekräuselte Blätter zeigt. Meist finden sich in ihrer Nähe auch Ameisen, da sich diese von den süßen Ausscheidungen der Blattläuse ernähren.

Ein Gutes haben die Blattläuse allerdings: Sie locken Marienkäfer an, da sie den Marienkäfern und ihren Larven so hervorragend schmecken, dass diese pro Tag bis zu 150 Stück vertilgen und die Blattlaus-Population auf unseren Pflanzen so erfolgreich dezimieren. Marienkäfer können mit vielen Pflanzen in den Garten gelockt werden, wie zum Beispiel Minze, Ringelblumen, Kornblumen, Fenchel und Koriander. Mittlerweile kann man sie in größter Not sogar im Internet bestellen.

Und wenn es doch mal zu viele Blattläuse werden, kann man sie einfach mit den Fingern abstreifen oder mit dem Gartenschlauch abspritzen. Auf Hausmittel wie ein Spülmittel-Wasser-Gemisch sollte man verzichten, da diese nicht nur den Schädlingen, sondern auch den Nützlingen im Garten schaden – und uns vielleicht ebenfalls, wenn wir das Gemüse noch verzehren wollen.

KOHLWEIßLING

Der Kohlweißling ist ein richtig hübscher Schmetterling, doch ist die Raupe des hübschen Tieres der größte Feind unseres Kohls im Garten, da sie sich ausschließlich von Kohlblättern ernährt. Der kleine, weiße Schmetterling legt seine Eier direkt auf die Kohlblätter, aus den Eiern schlüpfen Raupen, die sofort anfangen, die Blätter zu verzehren. Um dem vorzubeugen, gibt es mehrere Tipps und Tricks.

1.

Es hilft sehr, wenn man über den Kohl ein feinmaschiges Netz spannt, sodass der Schmetterling seine Eier gar nicht erst ablegen kann.

2.

Mischkulturen aus Tomaten, Sellerie und Kohl helfen, den Schmetterling zu verwirren. Durch den starken Geruch der Tomaten und des Selleries riecht er den Kohl nicht. Außerdem kann man die ausgebrochenen Geiztriebe der Tomaten 2 Tage lang in Wasser ziehen lassen und den Kohl mit diesem Sud besprühen.

3.

Wenn man dann doch Eier auf der Pflanze findet, kann man diese mit einem weichen Tuch einfach abstreifen.

4.

Sind bereits Raupen geschlüpft, hilft es, sie abzusammeln. Die Raupen werden dann einfach woanders angesiedelt (oder bei mir den Hühnern als Snack serviert ...).

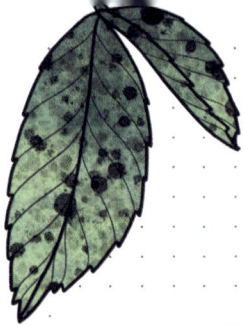

DICKMAULRÜSSLER

Der Dickmaulrüssler ist ein ca. 1 cm großer, grau-schwarzer Käfer, der vor allem nachts sein Unwesen im Garten treibt und die Blätter der Pflanzen anfrisst. Seine Eier legt er in die Erde, wo die Larven sich später an den Wurzeln zu schaffen machen. Bei starkem Befall stirbt die Pflanze meist ab, da die Wurzelmasse so stark reduziert wird, dass die Pflanze keine Nährstoffe mehr aufnehmen kann.

Hier hilft es, sich abends mit der Taschenlampe in den Garten zu begeben und dort die Käfer abzusammeln. Auch ein häufiges Kontrollieren beim Umtopfen und das Entfernen der dort gefundenen Larven hilft, die Population im Zaum zu halten.

ERDFLÖHE

Erdflöhe, die eigentlich keine Flöhe, sondern kleine Käfer sind, halten sich vor allem an unserem Rettich, den Radieschen, Salaten und Kohlpflanzen auf. Die Käfer und ihre Larven fressen hunderte kleine Löcher in das Grün der Pflanzen, sodass diese keine ausreichende Blattmasse mehr für die Photosynthese haben und sterben.

Erdflöhe wird man allerdings mit diesen einfachen Tricks schnell wieder los:

 1.

Die Erde regelmäßig harken und wässern – Erdflöhe können nicht schwimmen, sonst wären es ja Wasserflöhe …

2.

Eine Mulchschicht im Beet aus Stroh oder Tomatenblättern oder ein Vlies über den Pflanzen gibt den Erdflöhen keine Möglichkeit, an deine Pflanzen zu kommen.

3.

Es hilft ebenfalls, Zwiebelgewächse zu pflanzen, da Erdflöhe diese nicht leiden können.

Krankheiten

ECHTER MEHLTAU

Mehltau kommt vor allem im Sommer und im Herbst vor, wenn es viel geregnet hat und die Blätter schlecht abtrocknen. Meist sind großblättrige Pflanzen wie Kürbis, Melone oder Zucchini befallen, aber auch Zierpflanzen wie Rosen haben mit Mehltau zu kämpfen. Er zeigt sich meist durch einen weißlich-mehligen Belag, ähnlich wie Schimmel, auf der Oberfläche der Blätter.

Abhilfe schafft hier ein 50:50-Gemisch aus Milch (Frischmilch!) und Wasser, mit welchem die Pflanze des Öfteren eingesprüht wird – an sonnigen Tagen, sodass alles nicht gleich vom Regen wieder abgewaschen wird. Auch die Gabe von Dünger oder verschiedenen Jauchen hilft, die Pflanze zu stärken und ihre Anfälligkeit zu senken.

RUßTAUPILZE

Rußtaupilze sind meist ein Nebenprodukt von Blatt- oder Schildlausbefall, da deren klebrige Ausscheidungen die Pilze begünstigen. Man erkennt Rußtaupilze meist daran, dass es auf den Blattoberflächen zu klebrigen, schwarzen Flecken kommt, die abwischbar sind.

Hier hilft es, die Ursache, also die Blattläuse zu bekämpfen, indem man vorgeht wie bereits auf Seite 89 beschrieben. Außerdem kann man die Pflanze gegen diese Art der Krankheit stärken, indem man sie gezielt düngt.

Mein Gartenjahr

MONAT FÜR MONAT

Im Garten gibt es immer was zu tun, egal zu welcher Jahreszeit. Wann ist welches Gehölz zu schneiden? Wann ist die beste Zeit, um neue Pflanzen in den Garten zu setzen? In diesem Kapitel erhältst du pro Monat einen Überblick darüber, was zu tun ist. Gleichzeitig hast du Platz, dir deine eigenen Aufgaben und To-dos zu notieren, damit du immer den Überblick über deinen Garten behältst.

Aussaat- und Erntekalender

	Januar	Februar	März	April	Mai	Juni
Artischocke						
Aubergine						
Blumenkohl						
Brokkoli						
Busch- und Stangenbohne						
Endiviensalat						
Erbsen und Zuckerschoten						
Feldsalat						
Fenchel						
Grünkohl						
Gurke						
Karotte						
Kartoffel						
Knoblauch						
Kohlrabi						
Kopfkohl (Weiß- und Rotkraut)						
Kopf- und Pflücksalat						

Betrachte diese Angaben als Richtwerte, die je nach Sorte, Witterung und
klimatischen Bedingungen von dieser Tabelle abweichen können.

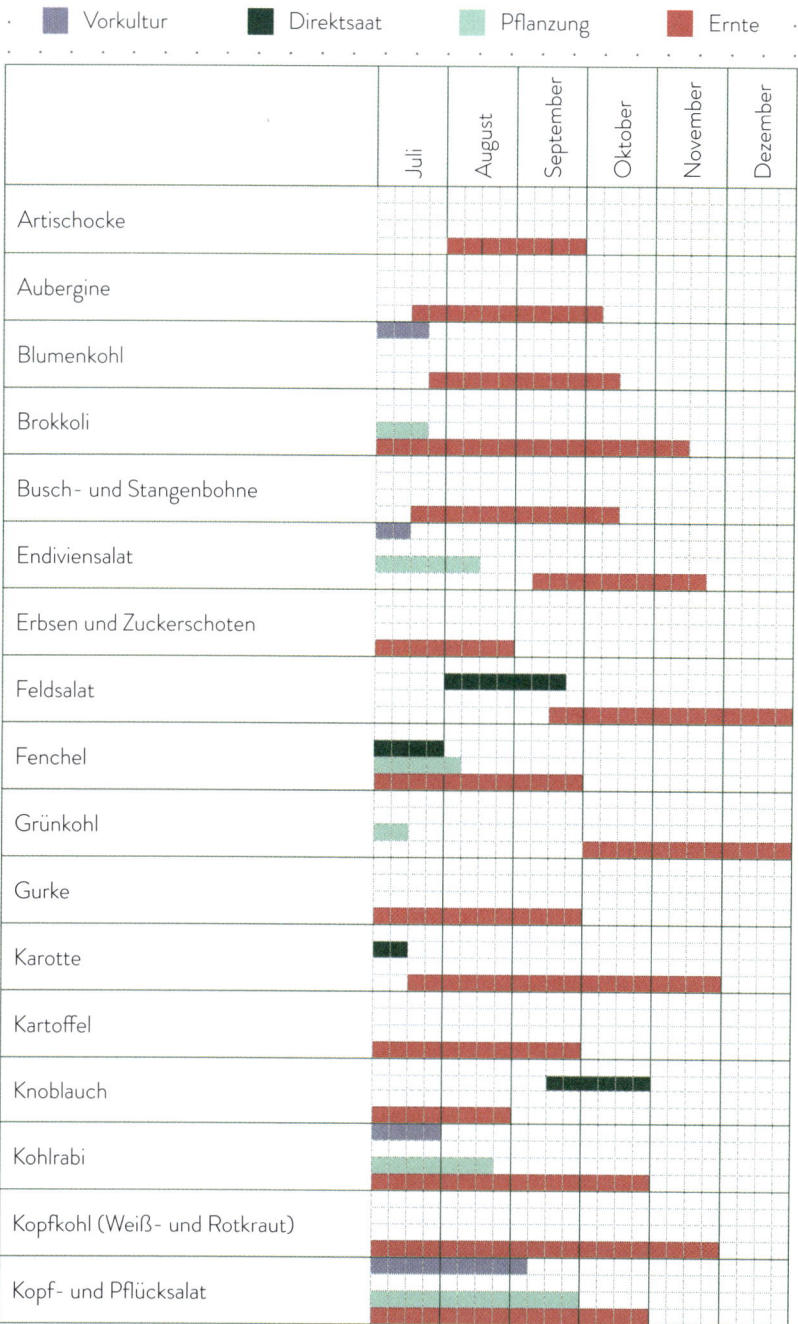

■ Vorkultur   ■ Direktsaat   ■ Pflanzung   ■ Ernte

	Juli	August	September	Oktober	November	Dezember
Artischocke						
Aubergine						
Blumenkohl						
Brokkoli						
Busch- und Stangenbohne						
Endiviensalat						
Erbsen und Zuckerschoten						
Feldsalat						
Fenchel						
Grünkohl						
Gurke						
Karotte						
Kartoffel						
Knoblauch						
Kohlrabi						
Kopfkohl (Weiß- und Rotkraut)						
Kopf- und Pflücksalat						

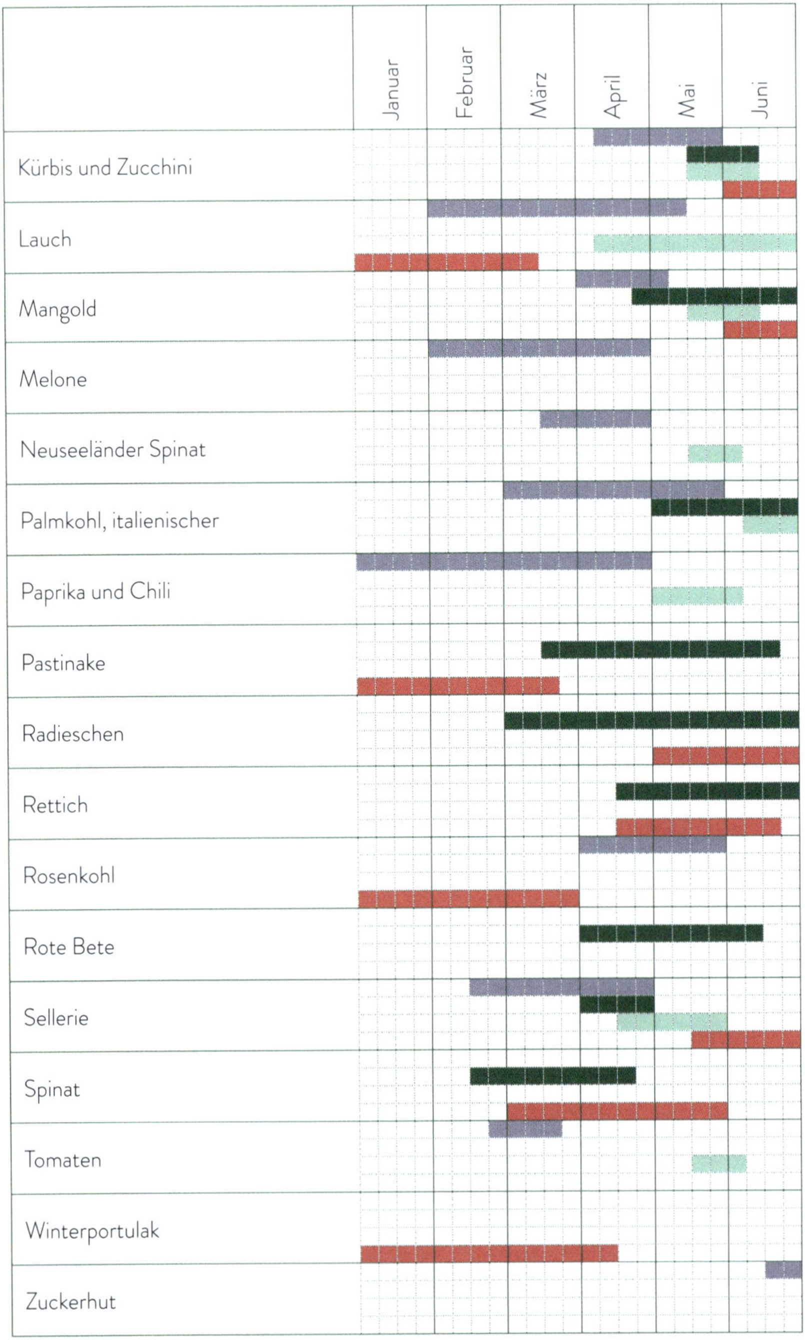

	Januar	Februar	März	April	Mai	Juni
Kürbis und Zucchini				■	■	■
Lauch	■	■	■	■	■	■
Mangold				■	■	■
Melone		■	■			
Neuseeländer Spinat				■	■	
Palmkohl, italienischer			■	■	■	■
Paprika und Chili	■	■	■		■	
Pastinake			■	■	■	■
Radieschen	■	■	■			
Rettich			■	■	■	■
Rosenkohl				■	■	
Rote Bete	■	■	■			
Sellerie		■	■	■	■	■
Spinat		■	■	■	■	■
Tomaten			■		■	
Winterportulak	■	■	■	■		
Zuckerhut						■

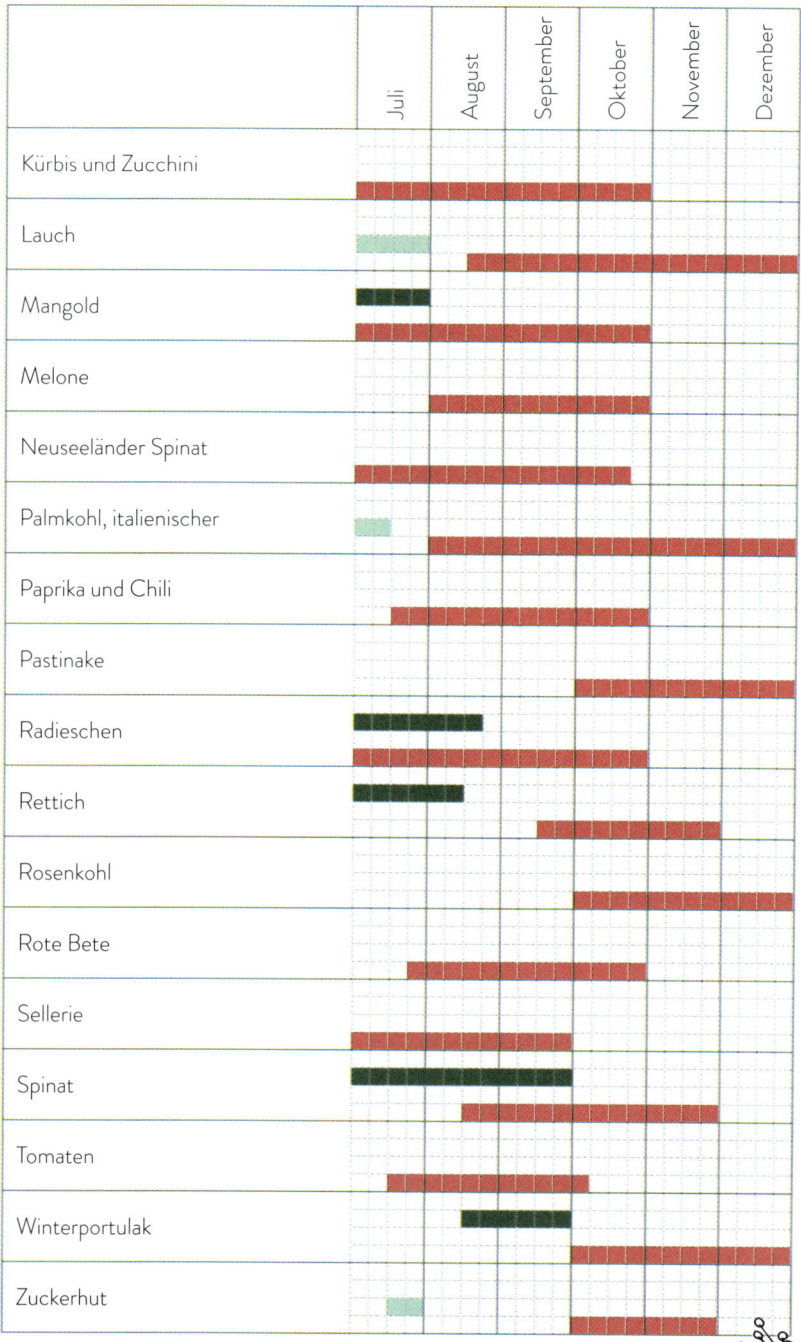

	Juli	August	September	Oktober	November	Dezember
Kürbis und Zucchini						
Lauch						
Mangold						
Melone						
Neuseeländer Spinat						
Palmkohl, italienischer						
Paprika und Chili						
Pastinake						
Radieschen						
Rettich						
Rosenkohl						
Rote Bete						
Sellerie						
Spinat						
Tomaten						
Winterportulak						
Zuckerhut						

WAS IST ZU TUN?

KALTKEIMER AUSSÄEN

Jetzt ist der beste Zeitpunkt, um Stauden auszusäen, die eine Kälteperiode zum Keimen benötigen, wie beispielsweise Astilben, Christrosen und Eisenhut. Einfach in Aussaaterde säen, an einen hellen Ort im Haus bei ca. 15-18 °C stellen, und nach zwei bis vier Wochen nach draußen pflanzen – im Frühjahr beginnen die Samen zu keimen.

HARTRIEGEL SCHNEIDEN

Die kräftigen roten Neutriebe kann man für einen guten Wuchs einfach bodennah abschneiden.

GEMÜSE VORZIEHEN

Einige Gemüsesorten brauchen sehr lange bis sie reif werden, wie zum Beispiel **Paprika, Aubergine** oder **Chili**. Aus diesem Grund kann man hier bereits im Januar mit der Vorzucht beginnen.

WINTERGEMÜSE ERNTEN

Rosenkohl und andere Wintersorten können jetzt im Januar noch geerntet werden, bevor die neuen Gemüsepflänzchen ins Frühbeet kommen.

STECKHÖLZER SCHNEIDEN

Jetzt ist der perfekte Zeitpunkt, um Stecklinge von **Johannis- und Stachelbeeren** zu schneiden.

OBSTBÄUME SCHNEIDEN

Kernobst wie Quitten, Birnen oder Äpfel können bei Tauwetter geschnitten werden. Dies fördert den Wuchs und die Blütenbildung.

WURZELAUSLÄUFER ENTFERNEN

Unerwünschte Wurzelausläufer können jetzt einfach ausgestochen werden.

NISTKÄSTEN FÜR VÖGEL AUFHÄNGEN

Einige Vogelarten sind schon sehr früh auf Nistplatzsuche, daher bietet es sich an, ihnen jetzt schon einige Alternativen zur Verfügung zu stellen.

Januar

Je frostiger* der Januar, desto freundlicher das Jahr.

Februar

WAS IST ZU TUN?

DAS LETZTE WINTERGEMÜSE ERNTEN

Pastinaken und Wurzelpetersilie sollten jetzt geerntet werden, damit das Beet für die neue Saison vorbereitet werden kann.

FEIGENBAUM ZURÜCKSCHNEIDEN

Feigen neigen dazu, sehr ausladend zu wachsen, daher ist ein Auslichten der Äste vor dem neuen Austrieb zu empfehlen. Man entfernt hier auch die erfrorenen Triebe des Winters. So steht der Fruchtbildung nichts mehr im Wege.

GEMÜSE PFLANZEN UND SCHÜTZEN

Die ersten Pflänzchen, wie zum Beispiel **Radieschen und Kohlrabi**, können jetzt bereits in die Erde. Damit sie vor den letzten Schneefällen, Graupelschauern und kalten Winden geschützt sind, wird das Frühbeet mit Vlies abgedeckt.

BEETE VORBEREITEN

Ende Februar wird das Beet für die kommende Saison vorbereitet. Hierfür wird alles umgeackert, Kompost eingebracht und es werden die letzten Beikräuter entfernt.

Februar

März

WAS IST ZU TUN?

KRÄUTER VERJÜNGEN

Damit die Kräuter auch in dieser Saison wieder kräftig wachsen, werden sie großzügig zurückgeschnitten. Über den Winter wurden sie zum Schutz und als Nahrungsquelle für Vögel und Insekten noch stehen gelassen.

STRÄUCHER UMPFLANZEN

Sobald die Fröste weniger werden, ist es an der Zeit, die Sträucher und Stauden um-zupflanzen bzw. zu teilen. Das sorgt für ein schnelles Wurzelwachstum, damit sie im Sommer in den Hitzeperioden genügend Wasser aufnehmen können.

ERDBEEREN ZURÜCKSCHNEIDEN UND ABDECKEN

Die Erdbeeren vom letzten Jahr fangen bald an ihre Blüten anzusetzen. Damit diese nicht zurückfrieren, werden erst die kaput-ten Blätter entfernt, die Erdbeerballen dann wieder anständig in den Boden gedrückt und danach sorgfältig mit Vlies abgedeckt.

RANKGERÜSTE AUFBAUEN

Viele unserer Gemüsesorten benötigen Rankgerüste, wie zum Beispiel **Gurken, Melonen, Kiwis** und auch manche **Zucchinisorten**. Nun wird es Zeit, sich darum zu kümmern und einige Beete mit solchen Rankhilfen zu bestücken.

März

ein kühler, feuchter
MÄRZ,
 IST DES Gärtners
Schmerz.

April

WAS IST ZU TUN?

BEERENSTRÄUCHER PFLANZEN

Das zeitige Frühjahr ist die perfekte Zeit, um neue Beerensträucher zu pflanzen. Jetzt haben sie noch genug Zeit, um Wurzeln zu bilden, bevor der Sommer kommt.

ZWIEBELN STECKEN

Jetzt, da die Nachtfröste nur noch selten auftreten, ist es an der Zeit, die Zwiebeln zu stecken, damit sie im Sommer Zeit haben, ordentlich heranzuwachsen.

April

Mai

GEMÜSE AUSPFLANZEN

Mitte Mai, wenn keine Fröste mehr zu erwarten sind, kann das Gemüse ausgepflanzt
werden. Als Richtwert sagt man, dass das
Wetter nach den Eisheiligen warm genug
ist. Falls doch noch Frost angesagt ist,
kann man das junge Gemüse über Nacht
mit Vlies abdecken.

REIHENSAAT AUSDÜNNEN

Bei einigen ausgesäten Gemüsesorten
wird es nun Zeit, die Reihen auszudünnen,
um den einzelnen Pflänzchen Raum zum
Wachsen zu verschaffen.

BEIKRÄUTER HARKEN

Regelmäßig werden nun die Beikräuter
im Gemüsebeet entfernt. Am besten funktioniert es, sie zu harken und dann zu entsorgen oder als Mulch im Beet zu belassen.

DÜNGEN UND MULCHEN

Damit die Pflanzen schnell und ertragreich
wachsen können, bringt man nun passenden
Dünger und Mulch ein. Der Dünger be-
schleunigt das Wachstum und der Mulch hält
die Erde feucht und warm. Das begünstigt
das Wachstum und man muss weniger
gießen.

Mai

ein kühler Mai
wird hoch geacht',
hat stets ein GUTES Jahr
gebracht.

Juni

WAS IST ZU TUN?

RHABARBER UND FRÜHKARTOFFELN ERNTEN

Man sagt, nach dem 21. Juni soll man keinen Rhabarber mehr ernten, da er nun nicht mehr bekömmlich sei. Die Blätter, die er gebildet hat, braucht der Rhabarber, um sich zu regenerieren. Die bisher entstandenen Blütenstängel werden entfernt. Nachdem einige der Kartoffeln bereits früh im Jahr gepflanzt wurden, können sie nun schon als Frühkartoffeln geerntet werden.

KARTOFFELN NACHPFLANZEN

Sobald die Frühkartoffeln geerntet sind, ist Platz für eine 2. Saatrunde und es können erneut Kartoffeln gepflanzt werden.

ROSMARIN UND SALBEI VERJÜNGEN

Rosmarin und Salbei neigen dazu, von unten zu verkahlen. Aus diesem Grund werden die Kräuter nun zurückgeschnitten. So bleiben sie kompakt und treiben frisch aus.

Juni

WAS IST ZU TUN?

FELDSALAT UND PETERSILIE AUSSÄEN

Da Feldsalat auch bei kalten Temperaturen weiter wächst, ist jetzt im Sommer die richtige Zeit, um ihn neu auszusäen. Auch Petersilie kann nun neu gesät werden, damit man auch im Herbst noch genügend frische Kräuter zur Verfügung hat.

KAROTTEN AUSSÄEN

Karotten kann man den gesamten Frühling und Sommer über nachsäen. Jetzt im Juli ist ein guter Zeitpunkt, um für die künftige Herbsternte vorzusorgen.

KOHLRABI, RADIESCHEN UND RETTICH ERNTEN

Da die Knollen leicht holzig werden, sobald das Wetter heißer wird, werden Kohlrabi, Radieschen, Rettich und anderes Wurzel-gemüse bereits früh und zart geerntet.

BUSCHBOHNEN PFLANZEN

Da Buschbohnen bei den ersten kalten Temperaturen absterben, ist Mitte Juli der letzte Zeitpunkt, an dem man noch Bohnen pflanzen kann, um sie rechtzeitig vor dem Kälteeinbruch ernten zu können.

KRÄUTER DURCH STECKLINGE VERMEHREN

Damit das Kräuterbeet von Jahr zu Jahr üppiger wird, ist es nun Zeit, Stecklinge zu ziehen. Dafür eignen sich zum Beispiel **Lavendel, Oregano** und **Rosmarin**. Außer-dem ist das Wetter nun perfekt, um die Kräuter zu trocknen. Dazu die frisch ab-geschnittenen Kräuterstände an einen trockenen, warmen Ort legen – locker, damit nichts schimmeln kann. So trocknen die Kräuter langsam und aromatisch vor sich hin.

Juli

August

WAS IST ZU TUN?

TOMATEN UND GURKEN ERNTEN

Die ersten Tomaten werden langsam reif und können geerntet werden. Die Pflanzen tragen aber je nach Witterung noch weit in den Herbst hinein Früchte. Bei Gurken sollte man mit der Ernte nicht zu lange warten, damit sie nicht zu groß werden und somit viele Kerne bilden. Jung geerntet sind sie noch knackig und frisch, und die gallertartige Masse mit den Kernen im Inneren nimmt noch nicht viel Platz ein.

KNOLLENFENCHEL PFLANZEN

Der Knollenfenchel mag das warme Wetter der Sommermonate sehr gern, sodass er jetzt ins Beet gebracht werden sollte.

HERBSTGEMÜSE PFLANZEN

Der letztmögliche Zeitraum zum Pflanzen, um auch im Spätherbst noch frisches Gemüse, wie zum Beispiel **Endivie und Feldsalat** pflücken zu können, ist von Mitte bis Ende August.

MANGOLD SÄEN

Das warme Wetter ist dem Mangold sehr zuträglich, sodass er bis Anfang August noch ausgesät und im Herbst dann geerntet werden kann.

August

September

WAS IST ZU TUN?

GRÜNDÜNGUNG AUSBRINGEN

Die abgeernteten Beete sollten nicht die nächsten paar Monate brach liegen. Um dem Boden wieder Nährstoffe hinzuzufügen wird jetzt Gründüngung ausgebracht. Hierfür eignen sich besonders bienenfreundliche Pflanzen wie **Lupinen, Wicken, Ölrettich, Gelbsenf** oder auch **Winterraps**. Achtung: Hier auf die Fruchtfolge achten und keine Gründüngung aus derselben Pflanzengattung wie das ausgebrachte Gemüse säen! Mehr zur Gründüngung findest du auf den Seiten 21 bis 23.

ZUCKERMAIS PRÜFEN UND ERNTEN

Langsam wird der Zuckermais reif. Um zu testen, ob er bereits erntefähig ist, wird ein Kolben oben von seinen Blättern befreit und ein Maiskorn mit dem Fingernagel angeritzt. Tritt süßliche, weißlich-milchige Flüssigkeit aus, ist der Mais reif und kann geerntet werden.

September

Septemberregen kommt Dem Gärtner stets gelegen.

WAS IST ZU TUN?

WINTERGEMÜSE AUSBRINGEN

Viele Gemüsesorten sind nicht nur kälteunempfindlich, sondern richtig winterhart
und eignen sich daher für die Anzucht,
Aufzucht und Ernte im Winter. Dazu gehören zum Beispiel **Grünkohl, Rosenkohl,
Pastinaken** oder auch **Winterlauch**.

WINTERZWIEBELN STECKEN

In manchen Regionen, in denen es im
Winter nicht zu kalt wird, kann man jetzt ein
paar Sorten von Winterzwiebeln stecken.

HERBSTPFLANZUNG VON BEERENSTRÄUCHERN

Jetzt im feuchten Herbst kann man gut
Beerensträucher wie **Johannis- oder
Stachelbeeren** pflanzen. Den Sträuchern
bleibt genug Zeit, um vor den kalten
Wintermonaten noch viele Wurzeln zu bilden.

Oktober

November

BEETE AUFRÄUMEN UND ABERNTEN

Damit auch nächstes Jahr wieder ordentlich was in den Beeten wächst, wird jetzt schon vorgearbeitet. Die Beete werden noch mal von Beikräutern befreit und die Erde durchgeharkt. Wurzeln von Buschbohnen oder Spinat können im Beet verbleiben, da diese ein guter Stickstoffdünger sind. Die Gründüngung verbleibt ebenfalls im Beet und wird erst nächstes Jahr untergeharkt.

OBSTBÄUME KALKEN UND LEHMRINGE BEFESTIGEN

Da der Wärmeunterschied zwischen der warmen Wintersonne und der kalten Winterluft doch sehr groß ist, werden die Obstspaliere und -bäume nun mit Kalk bestrichen. Die weiße Farbe nimmt die Sonne weniger stark auf und die Rinde platzt daher nicht so leicht bei einem Temperaturunterschied. Lehmringe schützen vor Schädlingen.

November

Dezember

WAS IST ZU TUN?

FROSTSCHUTZ AUSBRINGEN

Junge Obst- und Beerensträucher sowie
Bäume schützt man in der kalten Jahreszeit
am besten mit etwas Vlies, häufelt Laub an
oder deckt sie ab, damit die noch jungen
Triebe vom Herbst nicht komplett zurückfrieren.

KOMPOST UMGRABEN

Da im Winter der Kompost wortwörtlich auf
Eis liegt und nicht gebraucht wird, kann man
ihn an frostfreien Tagen umgraben, damit er
im Frühling sofort einsatzbereit ist.

KAROTTEN UND PASTINAKEN ERNTEN

In milderen Regionen können den ganzen
Winter über Pastinaken und Karotten geerntet werden, wenn man sie mit etwas Laub
oder Gartenvlies vor starken Minustemperaturen schützt.

Dezember

Notizen

Listen und Pläne

ZUM BEFÜLLEN

Listen sind wichtig! Bei all den Dingen, die uns im Garten beschäftigen, verliert man leicht den Überblick. Ich habe daher angefangen, mir alles in meinem Gartenjournal aufzuschreiben, damit ich diese Übersichtsseiten immer beieinanderhabe und bei Bedarf leicht darauf zugreifen kann. Da sich diese Methode in den letzten Jahren bewährt hat, will ich dir meine favorisierten Listen vorstellen und dir gleichzeitig einige Seiten Platz lassen, damit du eigene Listen ergänzen kannst oder wichtige Aspekte zum Thema Garten aufschreiben kannst.

Wunschliste

Die Wunschliste ist für größere Anschaffungen gedacht, die man gerne hätte, auf die man aber hinsparen muss. So hast du auch gleichzeitig deine Ideen und Ziele für den Garten im Auge. Kleiner Tipp: Diese Liste kann deinen Liebsten auch als Inspiration für dein nächstes Geburtstags- oder Weihnachtsgeschenk dienen.

Einkaufsliste

Die Einkaufsliste kann dir nicht nur als Übersicht über zukünftige Anschaffungen dienen, sondern zeigt dir auch auf einen Blick die Dinge, die bereits für den Garten gekauft wurden. Das hilft, die Finanzen im Blick zu behalten und es zu vermeiden, Gartenhilfsmittel oder Material doppelt anzuschaffen.

To-dos

ALLGEMEIN

In die To-do-Liste können zu erledigende Gartenarbeiten eingetragen werden, die an keinen bestimmten Zeitpunkt geknüpft sind und somit nicht in der Monatsübersicht auftauchen. So vergisst du diese Aufgaben nicht und kannst sie erledigen, sobald mal ein bisschen Zeit ist.

BESTANDSLISTE

Nutze die Saatgutbestandsliste am besten immer dann, wenn du neues Saatgut eingekauft oder ausgepflanzt hast. Die neue Sorte wird notiert, auch mit Aussaatzeitpunkt. Das Gepflanzte kann dann durchgestrichen werden, sodass auf den ersten Blick auffällt, was nachgekauft werden muss.

Vorziehen

CHECKLISTE

Notiere dir hier die einzelnen Gemüsesorten, die du vorziehen möchtest und versehe sie mit Datum, sobald sie in den Töpfen stecken. Damit kannst du den Überblick darüber behalten, wann du was gesät hast und wann es Zeit ist umzutopfen, zu düngen oder zu vereinzeln bzw. zu pikieren.

Düngen

CHECKLISTE

Damit ich den Überblick über meine Düngergaben im Garten nicht verliere, habe ich mir dazu ebenfalls ein paar Seiten in meinem Garten-Notizbuch angelegt. Hier notiere ich, welche Pflanze ich zu welchem Zeitpunkt mit welchem Dünger gedüngt habe. So vermeide ich eine Überdüngung meiner Beete oder gar, dass ich einige Pflanzen vergesse.

Pflanzen brauchen Nährstoffe, um wachsen und gedeihen zu können. Da wir hier im Buch vor allem auf Gemüse, Kräuter und Pflanzen setzen, die entweder für uns oder unsere geflügelten Freunde von Nutzen sind, würde ich dir vor allem organische Dünger, die nicht giftig sind, empfehlen. Dazu zählen vor allem **Hornspäne und -mehl, Guano (Vogelkot), Mist (z. B. Pferdeäpfel)** oder **Sojaschrot. Vinasse** ist eine weitere Möglichkeit. Dies ist ein Nebenprodukt der Zuckerherstellung und ebenfalls rein natürlich.

Man kann guten Dünger auch einfach selbst herstellen. Hierfür kommen **Jauchen** aus Brennnesseln oder Ackerschachtelhalm, **Kompost** aus Pferde- oder Hühnermist und natürlich die **Gründüngung** in Form von gepflanzten Düngerpflanzen wie Senf oder Lupinen in Frage.

Tipp

Für Vegetarier oder Veganer ist bei fertig gemischten Düngerpräparaten darauf zu achten, dass der Dünger keine tierischen Nebenprodukte wie Hornspäne, Blut- oder Knochenmehl enthält.

Stecklinge

CHECKLISTE

Das Auflisten der geschnittenen Stecklinge von Beerensträuchern, Stauden oder Kräutern ist nützlich, um den Überblick zu behalten. Wie bei der Checkliste zur Voranzucht kannst du dir auch hier das Datum notieren und eingepflanzte Stecklinge abhaken.

Beetplan 1

Von oben nach unten: Kohlrabi, Grünkohl/Rotkohl, Kartoffeln, Stangenbohnen am Rankgerüst.

Mein Beet

Beetplan 2

Von oben nach unten: Karotten, Salat, Basilikum und Rosmarin, Knoblauch.

Mein Beet

Beetplan 3

Von oben nach unten: Spinat, Mangold, Blumenkohl, Erbsen am Rankgerüst.

Mein Beet

Bezugsquellen für Saatgut

VON SAMENFESTEM GEMÜSE UND HEIMISCHEN PFLANZEN

Bei diesen aufgeführten Anbietern kannst du Saatgut für Gemüse und heimische Pflanzen erwerben. Bei allen Händlern habe ich selbst bereits bestellt und war immer zufrieden, sowohl mit der Qualität als auch mit dem Preis. Außerdem setzen sie auf Bioqualität, was mir für meine Gemüsepflanzen sehr wichtig ist.

BINGENHEIMER SAATGUT

Ökologisches Saatgut von Blumen und Kräutern
www.bingenheimersaatgut.de

HOF JEEBEL

Spezialist für den Biogarten
www.biogartenversand.de

SAMENHAUS

Hochwertiges Bio-Saatgut
www.samenhaus.de

STAUDENGÄRTNEREI GAIßMAYER

Biosaatgut von ReinSaat
www.gaissmayer.de

DRESCHFLEGEL SAATGUT

Gärtnern im Einklang mit der Natur, biologisches Saatgut
www.dreschflegel-saatgut.de

DEMETER-SAATGUT

Bio Saatgut Samenecht und nachbaufähig in Demeter Qualität
www.biogartenladen.de

Glossar

ART

Wird auch Spezies genannt. Eine Art ist eine wichtige Grundeinheit im System der Tiere und Pflanzen. Sie umfasst die Gesamtheit der Individuen, die in allen wesentlich erscheinenden Merkmalen miteinander übereinstimmen. Will man die Zugehörigkeit zu einer Art bestimmen, ist die Fähigkeit zweier Individuen, unter natürlichen Bedingungen fruchtbare Nachkommen zu erzeugen, ein aussagekräftigeres Kennzeichen als das Aussehen. Die Gesamtheit der Individuen einer Art in einem definierten Raum bilden eine Population.

AUSGEIZEN

Das Entfernen der Geiztriebe von Pflanzen.

BLÜTEZEIT

Zeitspanne, in der die Blüten einer Pflanze blühen.

GEFÜLLTE BLÜTEN

Bei gefüllten Blüten, die meist aus einer künstlichen Züchtung stammen, liegen die Staubblätter nicht frei bzw. sie wurden zu Blütenblättern umgewandelt. Gefüllte Blüten können so keine Pollen mehr bilden und sind steril.

GEIZTRIEBE

Werden auch Geize genannt und stellen unfruchtbare Seitentriebe dar, die aus den Blattachseln mancher Pflanzen wachsen.

GRÜNDÜNGUNG

Gezielter Anbau von Pflanzen mit hohem Stickstoffgehalt, um die Qualität des Bodens zu verbessern. Dazu werden sie nicht geerntet, sondern als Mulch verwendet oder untergeharkt.

HUMMEL

Die Hummel ist eine Wildbienenart. Ein Hummelstaat besteht aus einer Königin und mehreren hundert Arbeiterhummeln. Sie leben nur ein Jahr, eine Vegetationsperiode lang. Im Frühjahr wird ein neuer Staat von einer überwinterten jungen Königin gegründet.

HONIGBIENE

Bezeichnet die kultivierte Art der Biene, die vom Menschen zur Honiggewinnung gehalten wird.

KALTKEIMER

Samen, der eine Frostperiode durchlaufen muss, bevor er austreibt.

KÖNIGSBLÜTE

Die Blüte, die als erstes blüht und sich in der Mitte der untersten Y-förmigen Verzweigung befindet. Es wird empfohlen sie auszubrechen, also zu entfernen, um die Erntemenge zu steigern.

LARVE

Jungstadium von einigen Insekten, die aus Eiern schlüpfen. Die verschiedenen Arten der Larven können in Maden, Raupen und Engerlinge unterteilt werden.

MULCHEN

Damit ist das Bedecken des Bodens mit unverrottetem organischem Material, welches man Mulch nennt, gemeint.

NEKTAR

Zuckerhaltiger Saft aus Blüten, der Insekten anlockt und ihnen als Nahrungsquelle dient.

NEOPHYT

Eine gebietsfremde Pflanze.

POLLEN

Anderer Begriff für Blütenstaub. Sie werden in den Staubblättern gebildet und dienen der Befruchtung anderer Pflanzen derselben Art bzw. Gattung. Außerdem stellen sie eine Nahrungsquelle für viele Insekten dar.

STAUDE

Gärtnerischer Begriff für mehrjährige Pflanzen, die sich im Winter zurückziehen und im Frühjahr durch die überwinterten Wurzeln, Rhizome, Zwiebeln oder Knollen wieder austreiben.

WARMKEIMER

Samen, die zur Keimung über eine längere Zeit höheren Temperaturen von mindestens +5 °C ausgesetzt werden müssen.

WILDBIENE

Oberbegriff für die 565 heimischen Bienenarten die anders als die Honigbiene nicht als Haustier gehalten werden. Zu den heimischen Wildbienen gehören auch Hummeln.

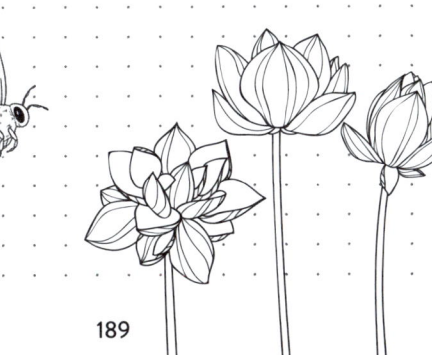

Über die Autorin

Hinter „Mein Garten" steckt Raphaela, die sich mit Herz und Händen ihrem Garten und ihrem Bullet Journal verschrieben hat.

Irgendwann fing sie an, ihren Gartenalltag gestalterisch und planerisch in einem Notizbuch zu begleiten und sie merkte, dass die Gartenarbeit so leichter von der Hand ging, Notizen schnell griffbereit waren und sie sich auch an trüben Tagen mit ihrem Garten beschäftigen konnte. Mittlerweile macht ihr das Planen auf Papier und die gestalterische Untermalung fast genauso viel Spaß wie die Gartenarbeit selbst.

Auf ihren Instagram-Accounts zeigt sie Teile von ihrem Garten und ihren Bullet Journals.

@hund.und.huhn
@elas_bullet_journey

AN DIE LESER

Liebe Leserin, lieber Leser, vielen Dank, dass du dich für mein Buch entschieden hast. Ich hoffe, ich konnte dir neues Wissen, einige Herangehensweisen und Anregungen näherbringen. Scheue dich nicht davor, Neues auszuprobieren, und sei nicht enttäuscht, wenn etwas nicht gleich beim ersten Versuch funktioniert. Meine erste Karotte war nicht größer als ein Daumennagel … So wie du an deinen Aufgaben wächst, so wächst auch dein Garten – und mit ihm vielleicht auch dein „Mein Garten"-Buch. Gerne würde ich sehen, was du daraus machst! Wenn du also dein Buch oder deinen Garten auf Instagram zeigst, dann verlinke mich gerne mit

@hund.und.huhn
oder nutze die Hashtags
#MeinGartenEMF
#HundundHuhn
#MeinGartenjournal

Danksagung

Als erstes möchte ich mich beim Verlag und besonders bei meinen Lektorinnen Anne und Saskia bedanken, die mir die Chance gegeben haben, dieses Buch zu veröffentlichen. Schon seit ich den ersten Zuspruch für meine Gemüse-illustrationen bekommen habe, dachte ich daran, ein ganzes Buch daraus zu machen – allerdings nur für mich und nicht die breite Öffentlichkeit. Doch jetzt, da das Buch fertig ist, bin ich natürlich mächtig stolz. Also: Danke!

Als nächstes möchte ich den wichtigsten Menschen in meinem Leben danken: meinem Mann Jakob und unseren beiden Kids Elias und Casey. Danke, dass du mir, wenn nötig, in den Hintern getreten hast, und auch wenn Gemüse nicht dein Metier ist, immer tapfer über das Manuskript gelesen, meine Bilder begutachtet und auch kritisiert hast, wenn es notwendig war. Außerdem möchte ich mich für die schlaflosen Nächte entschuldigen, in denen ich am PC saß und du allein ins Bett gehen musstest. Danke für deine bedingungslose Unterstützung. Ich liebe dich.

Und Kinder ... mit euch daheim zu arbeiten ist echt nicht immer einfach, aber ich danke euch so sehr, dass ihr mich immer wieder motiviert habt und mir gesagt habt, wie stolz ihr auf mich seid, sodass ich nie die Lust verloren habe, weiter zu machen. Ich hab euch lieb.

Danke auch an meine Mama Ingrid und meinen Stiefpapa Manfred, die immer an mich glauben, mich in allem unterstützen und viele meiner Werke in ihrem Haus beheimaten. Danke Mama, dass du deine Liebe und deine Passion für die Gartenarbeit mit mir geteilt und an mich „weitervererbt" hast. Ihr bekommt auch mein erstes Exemplar, das ich von diesem Buch in den Händen halten darf – versprochen!

Ein weiterer Dank gilt meiner lieben Schwieger-mama, die bei endlosen Kaffeepläuschchen immer wieder betont, wie sehr sie das schätzt, was ich mache, und sich oft und gerne bei uns im Garten erholt – und hin und wieder ein paar Birnen und Tomaten stibitzt.

Ein großes Danke geht auch an meine Freunde und die anderen aus der Familie, die mich bei diesem großen Projekt immer tatkräftig unterstützt haben.

191

Impressum

Bibliografische Information der Deutschen Bibliothek.

Die Deutsche Bibliothek verzeichnet diese Publikation in der Deutschen Nationalbibliografie.

Detaillierte bibliografische Daten sind im Internet über http://www.dnb.de/ abrufbar.

Alle in diesem Buch veröffentlichten Abbildungen sind urheberrechtlich geschützt und dürfen nur mit ausdrücklicher schriftlicher Genehmigung des Verlags gewerblich genutzt werden. Eine Vervielfältigung oder Verbreitung der Inhalte des Buchs ist untersagt und wird zivil- und strafrechtlich verfolgt. Das gilt insbesondere für Vervielfältigungen, Übersetzungen, Mikroverfilmungen und die Einspeicherung und Verarbeitung in elektronischen Systemen.

Die im Buch veröffentlichten Aussagen und Ratschläge wurden von Verfasserin und Verlag sorgfältig erarbeitet und geprüft. Eine Garantie für das Gelingen kann jedoch nicht übernommen werden, ebenso ist die Haftung der Verfasserin bzw. des Verlags und seiner Beauftragten für Personen-, Sach- und Vermögensschäden ausgeschlossen.

Bei der Verwendung im Unterricht ist auf dieses Buch hinzuweisen.

EIN BUCH DER EDITION MICHAEL FISCHER

3. Auflage 2022

© 2021 Edition Michael Fischer GmbH, Donnersbergstr. 7, 86859 Igling

Covergestaltung, Layout und Satz: Lena Albert

Projektmanagement und Lektorat: Anne Hörr, Saskia Hauck

Texte: Bärbel Oftring (S. 74, 85–87); Annette Holländer (S. 94–97); Sonstige: Raphaela Winterhalter

Illustrationen: © lucky strokes/Shutterstock (S. 1); © R.Wilairat/Shutterstock (S. 7, 179, 189); © Maslova Larisa/Shutterstock (S. 12, 18, 56/57, 68, 96/97, 171, 174/175, 185, 191); © olllikeballoon/Shutterstock (S. 25, 87); © Yevgen Kravchenko/Shutterstock (S. 92); © Anna The One 56/Shutterstock (S. 147); © freeject. net/Shutterstock (S. 24, 59, 168, 183/184, 190)

Sonstige Illustrationen: Raphaela Winterhalter

Symbole: Fruchtfolge: © JunGSa/The Noun Project, © Vectors Point/The Noun Project; Pflanzenfamilie: © Ralf Schmitzer/The Noun Project; Ernte, Samentyp: © matsabe/Shutterstock; Schlechte Nachbarn: © made, Landan Lloyd/The Noun Project; Fakten, Insektenfreundlichkeit, To-do: © Vectors Point/The Noun Project; Abstand der Pflanzen, Gute Nachbarn, Pflege, Überwinterung: © made/The Noun Project; Standort: © Kimmi Studio/The Noun Project; Kultur: © Kmg Design/The Noun Project; Notizvorschlag: © Alice Design/The Noun Project; Blütezeit: © Maria Villamil/The Noun Project; Nektar-/Pollengehalt: © iconsphere/The Noun Project; Vorsicht: © hartadidesign/The Noun Project

Cover: Raphaela Winterhalter; Schwarze Ilustrationen: © freeject.net, © R.Wilairat/Shutterstock

Vorsatz: © freeject.net/Shutterstock

Nachsatz: © Maslova Larisa/Shutterstock

ISBN 978-3-7459-0285-3

Gedruckt bei Polygraf Print, Čapajevova 44, 08001 Prešov, Slowakei

www.emf-verlag.de